NOTICE BIOGRAPHIQUE

SUR

HENRI GRIFFET

PAR M. E. BOUCHARD.

AVOCAT.

MOULINS

IMPRIMERIE DE C. DESROSIERS.

1863.

NOTICE BIOGRAPHIQUE

SUR

HENRI GRIFFET.

NOTICE BIOGRAPHIQUE

HENRI GRIFFET

PAR M. E. BOUCHARD,

AVOCAT.

> « Une vie morale, spirituelle,
> religieuse, excite aussi dans les
> autres des idées morales, spi-
> rituelles, religieuses. »
> **LAVATER.**

MOULINS

IMPRIMERIE DE C. DESROSIERS.

1863.

NOTICE BIOGRAPHIQUE

SUR

HENRI GRIFFET

PAR M. E. BOUCHARD,

AVOCAT.

> « Une vie morale, spirituelle '
> religieuse, excite aussi dans les
> autres des idées morales, spi-
> rituelles, religieuses. »
> LAVATER.

I.

Dans notre Bourbonnais, et pendant le XVIIIe siècle, la famille Griffet mérite de fixer l'attention des personnes qui, comme nous, s'intéressent à l'histoire intellectuelle et morale de ce pays. Les quatre membres de cette famille dont nos annales ont conservé le noms sont : les deux frères Henri et Claude Griffet, et leurs deux neveux Antoine-Gilbert Griffet de la Baume, et Charles Griffet de la Baume. Comme le titre placé en tête de ce travail l'indique, c'est une étude sur la vie et les œuvres de Henri Griffet que nous nous sommes proposé d'écrire. Toutefois, nous avons pensé qu'il ne serait

peut-être pas sans intérêt de consacrer tout d'abord quelques
lignes aux autres membres de cette famille ; nous disons
quelques lignes, car les documents que nous avons pu recueillir sur eux sont malheureusement presque nuls. Aussi,
pour compléter le peu que nous savons, p'acerons-nous dans
la dernière partie de cette biographie, le catalogue le plus complet qu'il nous sera possible de faire de leurs différents ouvrages.

Le jésuite Claude Griffet, né à Moulins le 13 mars 1702,
et non à Nevers, comme l'indique Desessarts dans ses Siècles
Littéraires de la France, cultiva la littérature avec quelque
succès. Il est l'auteur d'une pièce de vers français sur la majorité de Louis XV, et de deux poëmes latins : l'un intitulé
Cerebrum, et l'autre *De arte regnandi*, tous deux insérés
dans le supplément aux *Poemata didascalica*. On lui a attribué aussi l'Année Chrétienne, publiée sous le nom de son
frère ; il y aurait au moins travaillé, s'il faut en croire M. de
Coiffier. Mais il est principalement connu comme éditeur des
œuvres du P. Porée, et l'on doit convenir qu'en les publiant,
dit la Biographie universelle, il rendit un véritable service au
petit nombre d'amateurs des lettres latines. En 1735, et
malgré l'auteur, on avait publié un recueil de ses harangues dont notre compatriote donna douze ans plus tard une
nouvelle édition augmentée de plusieurs morceaux inédits.
Claude Griffet ne s'était pas contenté d'éditer de nouveau les
harangues, il avait auparavant, et en 1745, fait paraître un
recueil des tragédies de ce savant professeur dont Voltaire
lui-même se faisait gloire d'être l'ami. Ce volume in-12
renferme, avec une vie de l'auteur, six pièces dont voici les
titres : Brutus, le Martyre de saint Herménigilde, la mort de
l'empereur Maurice, Sennachérib, roi d'Assyrie, Seby-Myrza,
fils d'Abbas, roi de Perse, et enfin le martyre de saint Agapit.
Il faut ajouter que le volume des comédies (fabulæ dramaticæ)
qui complète le recueil des ouvrages du P. Porée parut en

1749 (1). Claude Griffet mourut à Moulins le 8 novembre 1782
avec la réputation d'un homme très instruit.

Des deux neveux, l'aîné Antoine Gilbert Griffet de la Baume
naquit à Moulins le 21 novembre 1756 ; Barbier donne aussi
cette date, avec celle du 21 décembre 1751. Après avoir fait
d'excellentes études tant dans les langues anciennes que dans
les langues allemande et anglaise , il alla à Paris en 1776.
Peu de temps après, il obtint un emploi dans un ministère ,
emploi qu'il eut le malheur de ne pas conserver longtemps. Mal
partagé du côté de la fortune , il fut obligé de se mettre aux
gages des libraires, en leur faisant des traductions dont ils
tirèrent sans doute plus de profit que lui-même. Aussi, ex -
cepté une comédie en un acte et en vers , intitulée Galatée ,
une scène en vers et en prose, connue sous le nom d'Agathis ,
quelques vers qui parurent en 1785, et la vie de Foë , auteur
du Robinson Crusoé , on peut dire que la plus grande partie
de ses productions ne sont que des traductions anglaises ,
allemandes ou italiennes des ouvrages de Langhorne, de miss
Burney , de Sterne , de Moser , de Payne , de Junger, de
Schultz, de Wieland , de Bodmer , de Nobody , de Muller , de
Woss, de Kœk et de Mackenzie. Cependant il ne faut pas ou-
blier qu'il a coopéré au recueil des Mémoires sur les hospices
et les établissements d'humanité , au *Censeur universel anglais*, au *Bulletin de littérature*, au *Mercure de France* , au
Journal encyclopédique, à la *Décade* et au *Magasin encyclopédique*. A ce rude travail de chaque jour que justifie assez la
simple énumération de ses productions, vinrent s'ajouter de
nombreux chagrins au milieu desquels il mourut le 18 mars
1805. Constatons en passant que nous aurions peut-être pu
nous étendre davantage sur cette partie de notre travail , s'il
nous eût été donné de consulter les deux dernières publica-
tions que nous venons de citer ; car dans la *Décade* , à la

_____

(1) *Biographie universelle* de Michaud.

page 182 du 45ᵉ volume, et dans le *Magasin encyclopédique*, à la page 414 du numéro d'avril 1805, se trouve une notice sur notre compatriote.

Sur Charles Griffet de la Baume, les renseignements font complètement défaut. On sait seulement qu'il naquit à Moulins en 1758, et qu'il mourut à Nice le 10 mars 1800, ingénieur en chef des Alpes maritimes. On a de lui, une théorie et pratique des annuités décrétées par l'Assemblée nationale de France pour les remboursements du prix des acquisitions des biens nationaux, ouvrage d'une utilité pratique pour les circonstances où il fut publié ; et un traité théorique et pratique sur les routes plates. Pour ne rien omettre, disons aussi que quelques personnes lui attribuent la traduction de Daniel de Moser que le p'us grand nombre des biographes rangent au contraire parmi les productions de son frère.

II.

Après ce rapide coup d'œil, nous arrivons au personnage qui fait tout particulièrement le sujet de cette étude, à Henri Griffet, né à Moulins le 9 octobre 1698, d'une famille ancienne dans la magistrature. Après d'excellentes études, il fut admis, à l'âge de dix-sept ans, dans la Société de Jésus. Peu de temps après, et malgré son extrême jeunesse, il n'avait pas encore vingt ans, on le chargea de suppléer le fameux Père Porée, alors professeur de Belles-Lettres au collége Louis-le-Grand ; et, comme lui, il sut se faire remarquer avantageusement dans cette chaire qu'avaient déjà illustrée les Petau, les Cossart, La Rue et Jouvenci.

Le Père Baudory ayant été donné comme successeur au Père Porée, notre compatriote renonça presque aussitôt à l'enseignement pour se livrer avec plus de soin à la prédication. Il prêcha tour à tour à Paris et à Versailles avec talent et avec succès, s'il faut en croire M. de Coiffier d'accord sur ce point avec Chaudon et Delandine. Au milieu de cette société si agitée et si tourmentée du XVIII° siècle où, selon l'expression de M. Ozaneaux, historien qu'on n'accusera certes pas de dénigrer le passé, « le clergé commençait à plaisanter sur la religion, la magistrature, à rire des lois » (1), H. Griffet se fit remarquer par un esprit de foi et de mesure bien rare alors. Honoré par Louis XV du titre de son prédicateur ordinaire, comme Massillon, il fit entendre les grandes vérités de la religion et de la morale à cet héritier dégénéré de Saint-Louis, qui malheureusement ne sut guère profiter de cet enseignement. Cette distintion ne changea en rien la manière d'être de notre orateur chrétien. Simple prédicateur, il avait annoncé avec force et modération tout à la fois les grandes vérités de la religion, aussi bien aux grands qu'aux petits, aux riches qu'aux pauvres ; du haut de cette nouvelle chaire, son langage restera le même. A l'appui de ce que nous avançons, entendez-le s'écrier dans l'exorde de son sermon sur l'ambition, prêché devant le roi et en présence de toute la cour : « Humiliez-vous, grands de la terre ; superbes montagnes, collines orgueileuses qui, par le prestige et l'illusion de nos sens, paraissez quelquefois égaler la hauteur des cieux, abaissez vous » (2).

S'il attaque les vices et les passions des grands, il ne craindra pas non plus de faire entendre sa voix chrétienne aux ministres des autels qui ne travaillent point à se mettre à la hauteur des grandes fonctions qu'ils ont à remplir dans le champ du Seigneur. Car voici le langage qu'il leur tient dans le panégyrique de saint François de Sales :

• Il y avait alors dans l'Eglise, des prêtres peu dignes de leur caractère et de leur nom ; qui ne regardaient le sacerdoce que

____

(1) *Hist. de France* par Ozaneaux, tome 2, p. 319.

(2) Sermons, t. 1, p. 127. — Et pour n'en citer que trois autres exemples, nous renvoyons le lecteur aux pages 88, 240 et 307 du même volume.

comme l'appui et le soutien d'une honorable oisiveté ; qui rece-
vaient le tribut de la piété des fidèles , sans leur rendre par un
retour légitime, celui de leurs soins et de leurs travaux ; qui re-
cueillaient les fruits d'une terre sacrée , qui n'était jamais arrosée
de leurs sueurs ; qui semblaient n'être faits que pour servir de dé-
coration dans nos temples et pour augmenter la pompe de nos cérémonies ; qui coulaient enfin des jours tranquilles et paisibles à
l'ombre du tabernacle , et qui ne servaient l'autel que par des
prières souvent négligées, quelquefois entièrement omises, qui
étaient plutôt sur leurs lèvres que dans leurs cœurs , et dans lesquelles l'intérêt , l'habitude , le respect humain, avaient souvent
plus de part que la piété (1).

Dans son tableau de la littérature française au xviiie siècle,
M. de Barante apprécie de la manière suivante l'état de l'éloquence religieuse à cette époque :

« Le temps de l'éloquence religieuse était passé, dit-il ; les
« orateurs et l'auditoire avaient changé ; la foi était éteinte
« chez la plupart des hommes, refroidie ou timide chez les
« autres..
« ....C'était avec une sorte de crainte et de
« réserve que les orateurs sacrés remplissaient leur saint
« ministère : ils avaient peur de heurter la mode ; ils tâchaient
« de se faire pardonner et leur profession et leurs discours.
« S'accommodant au goût de l'auditoire, ils fuyaient tout ce
« qui se rapprochait du dogme et des principes positifs de la
« religion , ils s'étendaient avec plus de complaisance sur ce
« qui avait rapport à la morale purement humaine (2)....... »

Eh bien , à la gloire de Henri Griffet, ne craignons pas de
répéter qu'il fut du petit nombre de ceux qui alors eurent le
bonheur de porter toujours haut le drapeau sacré qu'ils
étaient chargés de défendre. Pour s'en convaincre, on n'a

(1) Tome 4, p. 274. — Voir encore à ce sujet ce qu'il dit dans le
tome 1, p. 240 et 241.
(2) Pages 154, 155.

qu'à lire son assez volumineux recueil de sermons « tous
« composés dans un style naturel, oratoire et assorti aux
« différents sujets (1) » Si nous ouvrons le nouveau dictionnaire historique de Chaudon et Delandine, nous voyons que
les sermons de notre compatriote offrent un plan bien pré-
senté, des preuves solides, de la clarté et du naturel, mais
que son éloquence manque un peu de chaleur et de coloris,
et qu'il y a du vide et de la sécheresse dans certains discours.
Griffet lui-même, à la fin de la dédicace qu'il adresse à son
altesse impériale, royale, apostolique, Marie-Thérèse d'Autriche, les caractérise en ces termes : « Les discours que
j'ai l'honneur de présenter à Votre Majesté ne sont qu'une
simple exposition des maximes de l'Evangile, si dignes par
elles-mêmes de toute l'attention d'une grande et pieuse reine,
qu'elles n'ont pas besoin des vains ornements de l'éloquence
humaine pour intéresser Votre Majesté. »

Sans doute, sous le rapport du style et de l'éloquence, il
ne faut pas comparer notre prédicateur à Bossuet, à Fénelon
ou à Massillon qui, par un don tout particulier du génie,
réunirent aux grandes qualités dont nous venons de parler,
ce quelque chose qui les a rendus classiques, et qui les fait
pour ainsi dire revivre au milieu de nous. Mais ce n'est pas
seulement au point de vue littéraire et oratoire qu'il faut con-
sidérer leurs œuvres ; selon nous, c'est surtout sous le rapport
moral et religieux. Et à ce point de vue, nous pouvons dire
que les discours de Henri Griffet peuvent prendre rang à côté
des meilleurs, à côté de ceux qui ont pu et qui peuvent encore
élever les pensées de l'homme et tourner son cœur vers Dieu,
source de tous biens et de tous progrès. Il semble qu'il ait
voulu prendre pour règle de sa conduite dans la chaire chrétienne, ce qu'il nous dit de saint Jean Népomucène, dans le
panégyrique de ce saint ; ces quelques lignes caractérisent son
éloquence.

(1) Les trois siècles littéraires de Sabatier.

Il ne cherche pas à plaire ; il ne songe point à mendier des suffrages, ni à recueillir de stériles applaudissements ; il ne parle que pour convertir. On ne lui voit donc point employer ces tours affectés de l'éloquence humaine qui éblouissent l'esprit sans aller au cœur. Les grands sentiments de religion, dont il est rempli, font en même temps la matière et l'ornement de ses discours. Ses paroles n'expriment que ce que son cœur sent ; il inspire la crainte des jugements de Dieu par celle dont il est frappé ; l'amour que nous devons tous à notre Créateur, et celui que nous devons à nos frères qui sont ses images, par les ardeurs de cette charité divine dont il est embrasé ; la compassion pour les malheureux, par les tendres sentiments dont il est pénétré à la vue de leur misère ; le mépris des richesses par son désintéressement ; l'amour des souffrances, par le désir qu'il a de ressembler à Jésus-Christ crucifié ; la fuite du péché, par la crainte qu'il a de le commettre (1). ·

Le recueil de sermons de notre orateur chrétien se compose de cinquante-huit discours, dont vingt-trois furent prononcés en présence du roi, deux devant la reine, le panégyrique de saint Jean-Baptiste devant Mme la duchesse du Maine, et celui de saint Jean Népomucène devant Mme Henriette de France. Que d'enseignements élevés et pratiques ressortent de la lecture et de la méditation de cet ouvrage ! Que de passages il faudrait extraire, que de pages il faudrait copier pour mettre au jour les grandes et saintes vérités qui y sont renfermées, pour tirer et développer à notre tour les conséquences qu'il en tire lui-même. Malgré notre désir de suivre dans ses différentes manifestations la pensée de notre compatriote, nous passerons sous silence bien des choses, ne nous arrêtant même qu'un instant sur quelques points principaux, sachant qu'en toutes choses, même dans les meilleures, il faut des bornes. Parmi ces cinquante-huit discours, nous

____

(1). Sermons, tome 4, pages 215 et 216.

Voir aussi la page 243 du tome 2 où il parle de ses sermons avec la plus grande modestie.

citerons, comme méritant de fixer plus particulièrement l'attention, ceux qu'il prononça sur la sainteté, l'ambition, le danger des richesses, la prière, les souffrances l'obligation de remplir les devoirs de son état, ses deux sermons sur la mort, ceux sur la paresse, le luxe, l'incrédulité, ses deux sermons sur l'aumône, les panégyriques de saint Sulpice, de saint Louis, de saint François de Sales, et enfin ses sermons sur la vraie piété et sur le culte extérieur.

Celui qu'il prononça devant la reine sur les *caractères de la vraie piété* (1), que Platon appelle *l'amour et l'imitation de Dieu* (2), nous fournira de belles pages renfermant les idées les plus élevées et les plus pratiques sur la religion de l'Evangile, ce principe social par excellence. Lieux-communs et banalités pourront dire plusieurs ; mais principes et vérités diront tous ceux qui veulent aller au fond des choses, tous ceux, et grâce à Dieu le nombre en est grand, qui recherchent en religion, comme dans toutes les autres choses de la vie, la réalité au lieu de se contenter de l'apparence, afin de ne point ressembler, selon l'énergique expression des Ecritures, à des « sépulcres blanchis. » Transportons-nous donc en esprit au pied de sa chaire et méditons ces paroles :

Il a donc fallu qu'il y eût dans la Religion des prières publiques, des cérémonies, des pratiques extérieures ; l'institution en est sainte, et l'usage en est indispensable. Mais je prétends que si ce culte extérieur n'est accompagné du culte intérieur et des véritables vertus, il dégénère en pure superstition : je prétends que ce sont ces vertus intérieures et solides qui font proprement l'âme et le caractère de la vraie piété.

Car, en premier lieu, Dieu nous a déclaré cent fois dans ses Ecritures, que c'était principalement dans l'esprit et dans le cœur qu'il voulait être honoré, que tout autre hommage était nul et indigne

(1) Sermons de Griffet, tome II, pages 359, 360, 364 à 369.
(2) La Cité de Dieu de saint Augustin, traduction et introduction par E. Saisset, introduction, page 110.

de lui. Le prophète ne connait pas d'autre juste que celui qui a la loi de Dieu dans son cœur. Toutes les instructions que Jésus-Christ nous adresse dans son Evangile, paraissent tendre à ce seul but ; il n'y est fait aucune mention d'un grand nombre de pratiques extérieures qui sont en usage aujourd'hui dans l'église. Jésus-Christ a laissé à ses apôtres et à ses successeurs le soin de les expliquer en détail et de les régler. L'Evangile n'est rempli que des règles de morale, qui tendent à former des cœurs purs, des cœurs solidement chrétiens, des cœurs où la grâce établit son règne intérieur par la ruine des passions vaincues, ou par l'absence des passions ignorées. Jésus-Christ ne dit point : Vous me bâtirez des Temples, vous serez toujours fidèles à cette pratique extérieure, vous ne manquerez jamais d'assister à cette religieuse cérémonie ; les apôtres nous l'ont dit de sa part, et l'Eglise nous le dit encore tous les jours en son nom. Mais il nous dit sans cesse lui-même : Aimez Dieu, aimez le prochain comme vous-même, aimez vos ennemis; soyez justes, charitables, tempérants, désintéressés ; portez votre croix, renoncez à vous-mêmes : c'est par votre fidélité à suivre ces maximes, que je jugerai si vous êtes un véritable chrétien. . .

. . . .

. . . .

Ne pourrait-on pas le dire encore à la plupart des chrétiens de nos jours ? *Reliquistis quæ graviora sunt legis ;* vous ne vous attachez qu'aux pratiques extérieures, tandis que vous négligez les devoirs solides et essentiels de la religion, la charité, la justice, le détachement des richesses, le renoncement à vous-mêmes, le sacrifice entier des prétentions de l'amour-propre : car on a beau vanter les lumières du siècle où nous vivons ; ces lumières ne sont pas encore parvenues à bannir toute superstition de la religion la plus spirituelle, la plus éclairée et la moins superstitieuse. Plusieurs ne connaissent cette religion que dans son extérieur ; et leur ignorance paraît également, et dans le jugement qu'ils portent des actions propres de la piété, et dans le jugement qu'ils portent des actions contraires à la piété.

Quant aux actions propres à la piété, combien ne pratiquent cette religion que dans ses cérémonies ? la dévotion à une telle image, à une telle fête, à un tel saint, leur paraît renfermer la loi et les prophètes ; ils assistent avec une louable assiduité à de pieux spectacles, sans songer qu'on ne les leur montre que pour élever leurs esprits à un Dieu qu'ils ne voient pas : là, ils chantent sans prier, et ils louent le Seigneur sans l'honorer, parce qu'ils croient pouvoir l'honorer sans lui obéir : on récite de longs offices remplis des plus purs sentiments de l'amour divin ; et après y avoir employé des heures entières, on n'a peut-être pas fait un seul acte de foi, pas un seul acte d'amour de Dieu, pas un seul acte d'obéissance et de soumission : les lèvres se remuent, la voix se fait entendre, le cœur ne sent rien ; on a dit beaucoup de paroles, et l'on n'a peut-être pas fait une seule prière ; on s'est prosterné devant l'autel du Seigneur, on a fléchi le genou, on eût dit que le temple était plein d'adorateurs, et le Seigneur n'a point été véritablement adoré. Pourquoi ? C'est qu'il n'y a point de prières où il n'y a point d'attention ; point de culte où il n'y a point de sentiment ; point de dévotion où il n'y a point de dévouement ; point d'adoration où il n'y a point de cœur qui adore.

La superstition paraît encore plus sensible dans le jugement qu'on porte des actions contraires à la piété : quelles sont celles qui vous causent de plus grands scrupules, chrétiens ? Ne sont-ce pas celles qui ont rapport aux pratiques extérieures ? Toute action religieuse qui semble ne demander que la présence du corps et le mouvement des lèvres, sera plus inviolablement observée que celle qui va droit au cœur, et qui attaque l'amour-propre jusques dans son centre. On sera quelquefois plus inquiet d'avoir omis la pénitence imposée par le prêtre dans le sacré tribunal, que d'avoir renouvelé le péché même que cette pénitence devait expier ; on se fera bien plus de scrupule de n'avoir assisté qu'à une partie de la prière publique, que de n'y avoir donné à Dieu qu'une partie de ses sentiments : on restera tranquillement plongé dans mille désordres, et l'on croira remplir toute justice, en adressant des vœux et des louanges à des saints, qu'il ne coûte rien d'invoquer, pourvu qu'on se dispense de les imiter. L'un assistera tous les jours au sacrifice adorable de nos autels, où il sera plutôt présent de corps que d'esprit ; mais cet homme si fidèle à ce devoir extérieur, entendez-le parler : vous le trouverez mordant, satyrique, médisant, déchirant impitoyablement tout ce qui tombe sous sa langue ; c'est-à-dire qu'extérieurement il est pieux, et qu'intérieurement il n'est nullement charitable. L'autre gardera scrupuleusement les jeûnes

et les abstinences prescrites; et dans un temps comme le nôtre, où
tant de gens ne se font aucun scrupule de les violer, on ne peut
sans doute qu'approuver à cet égard la délicatesse de sa conscience :
mais que cet homme ait un ennemi, vous le trouverez plus enve-
nimé dans sa haine, plus opiniâtre dans sa vengeance, que s'il n'y
avait ni religion, ni évangile ; il n'y aura point de satisfaction qu'il
n'exige, point de réparation qui le puisse contenter. Eh ! mes
frères, attachez, premièrement votre scrupule au défaut de charité
la religion vous recommande bien plus la charité que le jeûne.
Celui-ci ne manquera jamais de réciter chaque jour un grand nombre de prières; mais ces longues et fréquentes prières ne l'empê-
cheront pas d'être avare et intéressé. Eh ! mes frères, un peu
moins de prières, et plus de désintéressement. La religion ne nous
recommande la prière, que pour nous conduire à la vertu. . . . .
. . . . ,

A quoi se réduit donc la dévotion de ceux qui s'attachent à l'extérieur de la religion sans en prendre l'esprit ? Beaucoup de dehors et peu de vertus ; beaucoup de génuflexions et peu de sacri-
fices ; beaucoup de paroles et peu d'effets ; beaucoup de confes-
sions et peu de pénitences. Revenons donc, chrétiens, à la piété
solide et intérieure (1).

(1) Voir encore ce que dit H. Griffet sur le véritable esprit religieux
opposé à l'hypocrisie, dans son sermon sur l'incrédulité, t. III, pages 145
et suivantes.

Dans son sermon sur le culte extérieur, nous lisons : « que nos temples
et tout ce que nous y voyons, tout ce que nous y entendons doivent être
pour nous une leçon et un moyen pour arriver à la sainteté. » Tome IV,
page 54. — Plus loin, à la page 61 du même volume, après avoir indiqué
quel est l'esprit qui doit animer le chrétien dans le temple, savoir un
esprit de recueillement de componction, de reconnaissance et de sacrifice,
il s'écrie : « Voilà, chrétiens, les sentiments qui doivent animer notre culte
extérieur, si nous ne voulons réduire toute la religion à un pur spectacle ;
voilà ce qui seul peut rendre ce culte agréable à Dieu, utile aux fidèles
et glorieux à l'Eglise ; car toute la gloire de cette sainte épouse de Jésus
Christ, de cette fille du roi des siècles, se trouve dans le fond du cœur et
dans l'intérieur de l'âme. » Aussi, et comme conséquence de ces principes,

l'entendons-nous, dans son sermon sur le petit nombre des élus, caracté-
riser en ces termes la religion du peuple : « Dans le peuple, vous trouverez
beaucoup de foi et peu de vertu, beaucoup de superstition et peu de
piété. »·Tome II, page 107.

Peut-on exposer et affirmer ces grandes vérités avec plus
de simplicité et avec plus de force, et s'éloigner davantage de
ce formalisme religieux et de cette morale relâchée que cher-
chèrent à populariser les Sanchez, les Lessius et les Escobar
de triste mémoire. Oui, disons le hardiment, Henri Griffet
n'a rien à redouter de la plume vengeresse de Pascal.

En lisant ces quelques pages de notre compatriote, il nous
semblait entendre la voix pieuse de Channing traversant les
mers pour redire à notre Occident les mêmes vérités. Il est
curieux et instructif tout à la fois, de voir deux hommes dont
le point de départ est si opposé, arriver à se rencontrer dans
ce qui fait le fond même de la Religion. Nous avons entendu
Griffet nous dire *que c'était principalement dans l'esprit et
dans le cœur que Dieu voulait être honoré, que tout autre
hommage était nul et indigne de lui.* Écoutons maintenant
Channing proclamer *que le grand œuvre de la religion doit
s'accomplir, non pas en société mais en secret, dans l'âme
solitaire, dans le silence du cabinet* (1). C'est le langage

(1). Traités religieux de Channing, sermon sur l'Eglise, page 80.

Aussi, lisons-nous dans une de ses lettres à son ami Schaw : « *qu'à
notre insu, la plus grande œuvre de la terre peut se faire près de
nous, sous notre toit même peut-être, sans que rien ne la révèle au
dehors.* »

M. Ed. Laboulaye, membre de l'Institut et professeur au collége de
France, a donné en 1857, une traduction des œuvres de ce pasteur,
américain, selon lui « l'une des âmes les plus saintes et les plus chré-
tiennes qui ait paru sur la terre......... Si mon expérience, ajoute-t-il,
peut servir à d'autres, je déclare que je n'ai jamais trouvé de livre
(traités religieux), qui m'ait plus édifié, qui m'ait donné plus de vues

même de l'apôtre quand il dit : «*Et vous, quand vous voudrez
prier, entrez dans votre chambre, et la porte en étant fermée;
priez votre père dans le secret ; et votre père qui voit ce qui se
passe dans le secret, vous en rendra la récompense.* (1) » Ce
que nous devons souhaiter, c'est que ces voix que nous ap-
pellerons saintes n'aient pas parlé en vain. Que les hommes
de notre temps les écoutent, et alors les divisions qui sépa-
rent encore malheureusement les individus et les sociétés dis-
paraîtront ou si elles subsistent toujours, elles seront plus-
nominales que réelles.

Notre orateur chrétien ne se bornait point à développer,
devant un auditoire nombreux et choisi, les vérités du dogme
et de la morale , il avait très-bien compris quel parti on pouvait tirer, pour l'édification des âmes, de la vie des hommes
grands et justes, « ces vénérables et vivants témoins du
Christ, de la puissance de la Religion, de la grandeur de
l'âme humaine. » (2). Aussi, trouvons-nous dans son recueil
de sermons un certain nombre de discours dans lesquels il se
plaît à retracer les principaux traits de la vie de saint Be-
noît, de saint Sulpice, de saint Jean-Népomucène, de saint
Louis, de saint François-de-Salles, etc. Dans celui qu'il prononça le jour de la fête de saint Sulpice dont « la vie peut
servir de règle et de modèle à tous les états » (3), on lit le
passage suivant , admirable résumé des nombreux devoirs

nouvelles, qui m'ait mieux fait sentir la grandeur du Christ et de l'Évangile, qui m'ait mieux appris à respecter et à aimer les hommes. »
Préface, pages xxij et xxiij.

On peut encore consulter un ouvrage intitulé : *Channing, sa vie et
ses œuvres,* avec une préface de M. Charles de Rémusat. — Et le *Magasin pittoresque,* année 1861, page 79 ; année 1862, pages 122
et 149.

(1) Evangile selon St-Mathieu, chap. 6, v. 6.

(2). Traités religieux de Channing, sermon sur l'Eglise, page 65.

(3). Sermon de Griffet, tome IV, p. 148.

d'un véritable pasteur des âmes. Ne dirait-on pas que ces lignes ont été écrites par un moraliste contemporain ?

Sulpice vole au secours des faibles et des affligés ; il confond les incrédules, il menace les impies, il touche les pécheurs, il défend la vertu, il condamne le vice : il ne demande pour lui ni crédit, ni faveur, ni autorité, ni fortune ; tout ce qui est purement temporel et humain, tout ce qui n'a pas un rapport essentiel à la religion et à l'évangile, lui est absolument indifférent, parce qu'il est étranger à son ministère : il est content si Dieu est obéi, si son nom est glorifié (1).

En tête du discours prononcé pour la fête de saint Louis, l'éditeur a placé une note qu'il importe de relater, car elle fait connaître une circonstance de la vie de notre orateur chrétien. Par elle, en effet, nous apprenons que ce fut le 25 août 1743 que Griffet fit entendre ce panégyrique dans la chapelle du Louvre, en présence des Messieurs de l'Académie française. Si on peut reprocher à ce discours, comme à beaucoup d'autres, du reste, le manque de coloris et de chaleur, on peut citer cependant comme un beau mouvement oratoire ce passage dans lequel Dieu, s'adressant au saint roi, lui prédit la gloire de sa maison :

Je relèverai la gloire de la France, par la prudence de Charles V ; je rétablirai, par de miraculeuses victoires, votre trône ébranlé sous le règne de Charles VII ; j'y placerai Louis XII, le père du peuple ; François I, le restaurateur des arts et des sciences ; j'y ferai monter Henri le Grand, ce noble rejeton du dernier de vos enfants ; il sera par sa valeur le vainqueur de son peuple, il en sera les délices par sa bonté ; je le ferai rentrer dans le sein de cette Eglise, dont le malheur de son éducation l'avait arraché :

J'étendrai les bornes de votre royaume par les conquêtes de Louis XIII ; je lui donnerai de nouveaux accroissements sous le règne de Louis XIV, le plus long et le plus glorieux de tous les règnes ; j'établirai sa postérité et la vôtre sur le trône d'Espagne, elle régnera sur les Deux-Marches ; etc , etc. (1).

(1) Sermons de Griffet, tome IV, page 208.

Quoique nous ayons déjà cité ailleurs un passage du panégyrique de saint François-de-Salles, nous voulons cependant
nous y arrêter encore un instant pour faire connaître la méthode qu'il préconise pour convertir les hérétiques ; elle est
digne d'être connue, car elle est conforme à la raison et à
l'humanité, ce qui ne l'empêche pas toutefois de qualifier
l'hérésie de *monstre farouche*. Écoutez ce noble langage que
la Religion la plus pure, que la philosophie la plus élevée
ne peuvent qu'approuver.

Ah ! prince, qui voulez sincèrement rétablir dans ces malheu-
reuses contrées, (Genève) le royaume de Jésus Christ, gardez-vous
d'y employer la force des armes ! Un cœur ulcéré, un esprit pré-
venu doit être attaqué par une autre voie. Faites taire ce bruit for-
midable qui annonce la guerre et les combats, et qui donne le si-
gnal des meurtres et des ravages. Il a pu servir à établir parmi
ces peuples une autorité purement humaine : vous ne régnez que
sur les corps. Jésus-Christ veut régner dans les cœurs et sur les
âmes ; ses conquêtes doivent être douces et paisibles. Gardez-vous
donc de montrer à ces peuples la religion menaçante et armée d'un
glaive homicide (1). . . . .
. . . . Saint François de Salles élève sa voix, il met en évi-
dence les vérités de la foi ; il répand des écrits et des instructions
qui portent la lumière dans tous les esprits ; il dissipe tous les
nuages de l'erreur, il en développe tous les artifices ; et, au milieu
de ce travail contentieux, jamais sa douceur ne l'abandonne : s'il
parle, s'il écrit, s'il réfute, s'il attaque, c'est toujours sans aigreur,
sans emportements, sans invectives (2). . . . .
. . . . Il ne demande au prince que l'usage
modéré de l'autorité légitime, qu'une protection qui peut mettre
l'église à couvert des attentats de l'hérisie, qu'un pouvoir borné
par la loi de douceur, qui met le catholique en sûreté , sans faire
aucun mal à leurs ennemis (3). . . . . L'autorité

(1) Idem. tome IV, page 273.
(2) Page 275.
(3) Page 277.

publique veut s'armer pour le défendre ; mais il n'a garde d'accepter son secours : il ne veut combattre qu'avec les armes de l'Evangile, qui n'en connait point d'autres que la douceur et la patience (1).

Grâce à Dieu, nous sommes loin de ce sombre langage de Bossuet s'écriant : « Je déclare que je suis et que j'ai toujours été du sentiment : premièrement , que les princes peuvent contraindre par des lois pénales tous les hérétiques à se conformer à la profession et aux pratiques de l'Eglise catholique ; deuxièmement, que cette doctrine doit passer pour constante dans l'Eglise, qui non-seulement a suivi, mais encore demandé de semblables ordonnances des princes (2). » En parlant ainsi, l'évêque de Meaux ne faisait que reproduire l'opinion de saint Thomas sur ce sujet ; car « l'hérétique, selon ce théologien, ne doit pas seulement être séparé de l'Eglise par l'excommunication ; il doit être retranché du monde par la mort (3) »

(1) Page 280. Quant à ce qui regardait la conversion des Juifs en particulier, voici ce que nous lisons dans le panégyrique de saint Sulpice (tome IV, page 167) :

« Sulpice s'applique particulièrement à la conversion des Juifs. Il vivait dans un siècle où l'on songeait bien plus à détruire et à persécuter ce peuple ingrat et perfide, qu'à le détromper de ses erreurs. Toutes les nations armées contre les Juifs cherchaient à venger sur eux la mort de leur libérateur. Sulpice, connaissant mieux l'esprit de Jésus-Christ, cherche plutôt à leur procurer les fruits de son sang qu'à punir dans eux l'horrible sacrilége que leurs pères avaient commis pour le répandre ; et il enrichit tous les jours, par de nouvelles conquêtes, cette Eglise chrétienne qui ne désire que le salut de ses plus mortels ennemis. » Ces paroles ne sont malheureusement pas toujours entendues, puisque « ces jours derniers, Pie IX a chassé de Velletri, les marchands juifs, sans autre motif que celui-ci : Ce sont des juifs. » (Journal des Débats, vendredi 12 décembre 1862 article d'Eug. Yung.)

(2) La crise religieuse au XIXᵉ siècle, par Emile de Laveleye, Revue des Deux-Mondes, numéro du 15 février 1863, page 836.

(3) Les dominicains et les franciscains au XIVᵉ siècle, par M. Victor, Le Clerc, extrait du XXIVᵉ volume de l'Histoire littéraire de la France.

Désireux qu'il était de faire connaître les vérités du christianisme, Griffet ne se contenta pas de les annoncer du haut
de la chaire ; aussi composa-t-il, en 1744, l'*Année du Chrétien* (1), ouvrage fort estimé et qui peut tenir lieu, selon la
biographie universelle des frères Michaud, d'une bibliothèque
ascétique ; on y trouve pour chaque jour de l'année, une lecture aussi instructive qu'édifiante sur l'épître, l'évangile et la
vie du saint du jour. Dans son dictionnaire portatif de bibliographie, Fournier range même cet ouvrage parmi les livres rares
et curieux. Il a été imprimé à Paris chez J.-B. Coignard (2),
imprimeur du roi, rue Saint-Jacques, à la Bible d'or. Dans la
préface générale, qui se trouve en tête du volume consacré à
l'Avent, nous lisons « que le but de ce livre est de fournir aux
fidèles, pour chaque jour de l'année, une lecture propre à les
instruire et à nourrir leur piété. » Plus loin, nous voyons que
« dans tout ce qui regarde le sens littéral du texte sacré, on a
suivi les plus célèbres interprètes de l'Ecriture sainte, dont on
a exposé les différentes opinions lorsqu'ils se sont trouvés par-
tagés et les raisons dont chacun s'est servi pour appuyer son
sentiment. A l'égard des pensées et des réflexions morales,
elles sont pour la plupart tirées des saints Pères. » Enfin,
« qu'on a puisé le petit nombre de faits qui composent ces

(1) Le théologien Claude de Lidelle, né à Moulins en 1583 et mort en
1617, avait lui aussi fait, avec un traité de l'aumône, un travail de ce
genre imprimé à Rouen en 1667. — Le religieux théatin Bernard Deshut
de Tracy né au château de Paray-le-Frésil, près Moulins, a donné, entre
autres ouvrages, un traité des Devoirs de la vie chrétienne ; il mourut à
Paris en 1786.

(2) Il est bon de dire que le privilége avait été accordé à H.-L. Guerin,
qui, le 14 juillet 1744, céda à Coignard moitié de son privilége, comme
cela se voit à la suite du privilége donné par le roi, signé Sainson ; lesquels privilége et cession ont été enregistrés ensemble, le 15 juillet 1744,
sur le registre XI de la chambre royale des libraires et imprimeurs de Paris,
conformément aux anciens réglements confirmés par celui du 28 février
1723.

abrégés des vies des saints, dans les sources les plus pures, et principalement dans la fameuse collection des jésuites d'Anvers, connus sous le nom de Bollandistes. »

Les dix-huit volumes de l'*Année du Chrétien* ont été approuvés, au fur et à mesure de leur publication, par le R. P. Provincial de la compagnie de Jésus en la province de France, Pierre Claude Fréy. Ces approbations sont datées tantôt de Rouen, tantôt d'Orléans ou de Paris ; il en est même trois qui ont été données à Moulins. Parmi elles se trouve la première qui ait été donnée pour l'ouvrage, sous la date du 8 janvier 1744 ; les deux autres portent la même date , pour les volumes consacrés au mois de mai et au mois de juin , 15 septembre 1744.

Outre cette approbation du R. P. Provincial, ces volumes sont encore revêtus de celle du censeur royal Cotterel, curé de Saint-Laurent, docteur de la maison et société de Sorbonne. Voici cette approbation : « J'ai lu, par l'ordre de Monseigneur le chancelier, *cette année du chrétien, etc.*; j'y ai remarqué tout ce qui concourt à rendre un ouvrage parfait dans ce genre. La doctrine en est saine et orthodoxe ; les vérités saintes de la religion y sont expliquées d'une manière propre à nourrir la foi, à élever les esprits et à toucher le cœurs. On y trouve une variété de morale, qui présente à chaque fidèle, dans son état, la règle de ses mœurs et de sa conduite, et qui forme un riche fonds d'où l'on peut tirer de grands secours pour le ministère de la parole : un semblable ouvrage doit produire de grands biens dans l'Eglise de Dieu. »

Nous avons parcouru avec soin, nous ne dirons pas ces dix-huit volumes, car à l'ouvrage que nous avons eu entre les mains il en manquait deux, les mois de février et de décembre, mais bien les seize volumes que possède la bibliothèque publique de la ville de Moulins ; et pourquoi ne dirions nous pas ici que nous avons eu le plaisir de les découvrir en feuilletant le catalogue et de les faire inscrire sous le nom de notre compatriote. Après cet examen, nous aurions pu facilement, si nous avions voulu augmenter le nombre des pages de cette étude, choisir plus d'un sujet intéressant, reproduire plus d'une page qui certes auraient eu leur importance et leur valeur, comme aussi critiquer plus d'une idée et citer plus d'un morceau que nous aurions voulu retrancher de l'ouvrage. Trois passages nous arrêteront seulement un instant.

Commentant des paroles de saint Paul aux Ephésiens, Griffet, s'inspirant des idées de saint Chrysostôme, parle en ces termes du soin que les parents doivent donner à l'éducation de leurs enfants; ils résument les développements dans lesquels il entre :

Un père et une mère qui ont des enfants doivent, les regarder comme des talens que Dieu leur donne pour les mettre à profit et pour les faire valoir............. Je ne prétends pas qu'il y ait aucun mal à les instruire dans les sciences humaines; mais je prétends que ce n'est pas à cette seule étude que doit se borner leur éducation. Elever des enfants dans la crainte du Seigneur et dans la piété, c'est tracer en eux la grâce de Dieu (1).

Dans le même volume, et à la page 75, voici surtout à quoi il prétend que l'homme doit employer l'autorité que les lois divine et humaine lui ont donnée sur la compagne de sa vie :

Ce n'est pas à ses grâces extérieures que vous devez vous attacher, elles passent, elles s'effacent, on s'en dégoûte. Cherchez à lui inspirer la modestie, la douceur et la sagesse; en un mot toutes les vertus qui font la beauté de l'âme. Ces vertus sont le plus solide fondement, et le lien le plus ferme et le plus assuré de l'union des cœurs.

Ces principes n'étant ni assez connus, ni surtout assez mis en pratique, nous avons cru bien faire en les proclamant de nouveau par la voix de notre moraliste.

Avant de quitter cet ouvrage, il est un aveu de H. Griffet que nous tenons à constater, il réjouira les âmes vraiment religieuses ; cet aveu le voici : C'est que, sans être catholique,

____

(1) *Année du Chrétien,* volume du mois de septembre, page 87 et 88.

on peut appartenir à la grande famille chrétienne. En effet,
dans le volume consacré au mois de janvier, commentant et
interprétant le chapitre LX d'Isaïe où il est question du réta-
blissement de Jérusalem, des nations qui se soumettent à
elle, de sa gloire et de sa félicité, chapitre qui pour lui « renferme une vive et magnifique peinture de la gloire et de l'établissement de l'église chrétienne, » il s'exprime ainsi :

Il est vrai, que l'empire de l'Eglise ne s'est pas toujours soutenu
dans les pays du monde où il a été établi. Combien de nations ont
perdu la foi ! combien l'ont rejetée ! *combien sont demeurées chré-
tiennes sans rester catholiques !* (1)

Douze ou treize ans plus tard, parut une première édition
des *Méditations pour chaque jour de l'année, sur les principaux devoirs du Christianisme.* Dans une autre édition (2)
de cet ouvrage, qui parut à Paris chez Lefuel en 1823, se
trouvent, voyons-nous dans la bibliographie du département
de l'Allier par M. Ripoud, avec deux frontispices gravés, deux
portraits. Nous ne savons quels sont ces portraits ; nous avons
cependant été heureux de cette petite découverte, qui nous
permettra peut-être un jour de contempler les traits de notre
compatriote, et par conséquent de nous faire de lui une idée
plus complète (3). Ce volume, ainsi que son livre sur la communion, furent composés pour satisfaire aux ordres du dauphin, père de Louis XVI. En tête du premier ouvrage se
trouve la lettre suivante :

« Vous savez que je me suis emparé de votre plume et que
« j'en dispose comme si je la tenais ; j'ai encore un ouvrage
« à vous demander, qui ne roule que sur l'accomplissement

---

(1) *Année du Chrétien,* volume du mois de janvier, page 123.

(2) Cette édition est en deux volumes in-16 ; elle a été aussi imprimée
à Paris et à Lyon, chez Notey et Périsse.

(3) Depuis que ces lignes ont été écrites, nous avons eu entre les mains
cette édition, ce qui nous a permis de constater que les deux portraits
dont il est question sont ceux de Griffet et du dauphin, père de Louis XVI.

« des préceptes de l'Evangile et sur tous les devoirs de la vie
« d'un homme du monde. C'est des méditations pour tous
« les jours de l'année, partagées en deux points, courtes,
« pleines de choses qui n'occupent, au nombre de 366, qu'un
« seul volume in-12. Il me les faut courtes pour pouvoir
« méditer dessus, et remplies de pensées sans aucunes phrases
« pour avoir de quoi méditer ; que toute la loi de Dieu y soit
« renfermée en entier ; je ne veux rien de particulier pour les
« princes, qu'en tant qu'ils sont au rang des hommes du
« monde... »

Dans le même avertissement, nous voyons encore, et avec raison, que peu de livres de ce genre sont aussi propres à fournir une lecture journalière dans le sein des familles ; qu'il est à la portée de tous les esprits et n'exige rien au-delà de ce qui doit être pratiqué par tous les chrétiens. Cet ouvrage étant entre nos mains, nous en détacherons quelques passages bien propres à faire connaître l'homme dont nous évoquons en ce moment le souvenir.

Henri Griffet, venant à se demander quelle doit être l'étendue du précepte de l'amour du prochain, conclut : « que cet amour doit être immense dans son étendue , sans aucun égard ni à la différence des états et des conditions, ni à la différence des nations, ni à la différence des religions (1); » conclusion bien digne d'un esprit élevé et profondément religieux. Notre compatriote affirme donc le grand principe chrétien de la tolérance ; il veut le respect des convictions religieuses, et il proclame la liberté de conscience et de culte. Telle est la conséquence naturelle à tirer des paroles que nous venons d'entendre. Toutefois, pour rester dans le vrai, il faut dire qu'une

(1) *Méditations pour chaque jour de l'année*, 8 janvier :

« Ni à la différence des religions ; le Samaritain charitable, dit Griffet, a compassion d'un malheureux Juif couvert de blessures, quoiqu'il professe une religion différente, et ce Samaritain nous est proposé pour modèle. »

affirmation aussi nette et aussi tranchée était probablement loin de son esprit ; on est heureux, néanmoins, de pouvoir citer de telles paroles.

Voulons-nous savoir quel est le livre par excellence, le code unique où nous devons puiser la règle et l'espérance de notre vie ? « Ouvrez l'Evangile, s'écrie-t-il, étudiez-le avec application, lisez-le avec docilité ; c'est la règle de votre croyance et de vos mœurs. Toute la religion y est renfermée ; vous y trouverez tout ce que vous devez croire et tout ce que vous devez faire pour être sauvé (1) »

Dans la méditation *sur les prétendus avantages de la naissance*, notre moraliste, en combattant d'anciens préjugés encore trop répandus, donne une sage leçon aux puissants et aux grands du monde ; nous ne voulons pas résister au plaisir de la citer en entier :

Selon les idées du monde : un homme né d'un sang illustre, est destiné par sa naissance aux plus grands emplois, aux charges les plus importantes, sans avoir aucun des talents nécessaires pour les remplir, et sans qu'il soit obligé de prendre le temps et les soins nécessaires pour s'y préparer. Il sait tout, sans avoir rien appris ; et il est propre à tout, sans s'être rendu capable de rien : son mérite est en quelque sorte assuré et établi sur celui de ses aïeux ; et, plein de ces vains préjugés, il n'y a point de charge si grande et si difficile à laquelle il ne soit en droit de prétendre. Selon les principes de la religion, l'homme le plus distingué par sa naissance est obligé d'attendre, comme ceux qui naissent dans l'obscurité, le choix et la vocation de Dieu, pour aspirer aux charges et aux emplois. Il est obligé d'examiner devant Dieu s'il en est capable ; de consulter ses forces et d'exercer son esprit et ses talents par un travail assidu, pour se mettre en état de répondre aux vues et aux desseins de la Providence. Il ne doit employer ni les intrigues sourdes et odieuses, ni les moyens bas et illicites pour s'élever : la paresse, l'inapplication, loin d'être des prérogatives

____

(1) *Méditations pour chaque jour de l'année*, 7 mai.

de sa condition, en sont plutôt un abus criant et manifeste, dont il sera comptable au tribunal du souverain Juge (1).

Nous appelons aussi l'attention sur la méditation suivante, *la dévotion des grands*. Un peu plus loin, nous lisons quelles sont les obligations attachées aux charges et aux dignités du monde :

On n'est donc pas prince, magistrat, juge, maître et homme public pour soi, mais pour les autres : le nom même de charge, que l'on donne aux emplois et aux dignités du monde, annonce en quelque sorte tout le poids des obligations qu'elles imposent à ceux qui en sont revêtus; ils ne doivent plus vivre et travailler pour leur bonheur et pour leur intérêt particulier; ils ne doivent plus avoir en vue que le bonheur et l'intérêt des autres : leurs jours ne sont plus à eux, mais au public (2).

Griffet a consacré un certain nombre de pages de ce petit ouvrage à rechercher et à indiquer l'emploi qu'on doit faire des richesses; suivons-le sur ce terrain, et là aussi nous entendrons de sages maximes et de bons conseils. De tous ces biens, « vous n'en êtes, dit-il au riche, que le dépositaire et l'économe; vous n'êtes pas le maître de les employer à tous les usages inutiles ou déréglés que le caprice est capable de vous suggérer. L'usage que vous en faites doit toujours être conforme aux règles de la justice, de la charité et de la tempérance chrétienne (3).

Reprenant ce sujet dans la onzième méditation de février, nous l'entendons dire que :

Le chrétien ne doit pas estimer les richesses pour ce qu'elles sont en elles-mêmes; ce serait en juger comme les mondains qui regardent ceux qui possèdent ces frivoles avantages comme des âmes privilégiées. C'est ce préjugé qui fait que la plupart des grands croient être des espèces de divinités pour qui tous les autres

<hr>

(1) *Méditations pour chaque jour de l'année*, 12 juin.
(2) Id., 15 juin.
(3) Id., 18 janvier.

hommes sont obligés de se sacrifier. Idée fausse et pernicieuse qui a fait dans tous les temps le malheur du genre humain, et qui n'est pas moins contraire aux lumières de la raison qu'aux principes de la religion et aux vrais sentiments de la nature (1).

Enfin, dans le sermon sur l'aumône qu'il prêcha devant le roi, caractérisant les rapports qui doivent exister entre le riche et le pauvre, il établit qu'ils sont ceux de créanciers et de débiteurs

Ce ne sont point ici des malheureux, des hommes abandonnés qui ont recours à votre charité ; ce sont des créanciers fondés en droit, qui poursuivent le paiement d'une dette qui leur est acquise. Cette dette n'est rien moins que chimérique, elle se trouve clairement énoncée dans l'Evangile : voilà le titre des pauvres ; et si vous leur accordez ce qu'ils vous demandent, vous ne leur donnerez pas ce qui est à vous, mais vous leur rendrez ce qui est à eux. (2)

En entendant ce langage de philanthropie chrétienne, ne sommes-nous pas en droit de dire que la charité de Griffet était une charité simple et vraie, prenant sa source dans celle du Maître dont il travailla toujours à devenir un disciple fervent et éclairé ? Aussi, ajouterons-nous que pour lui, « l'aumône ne devait pas se borner à celle du morceau de pain, du vêtement et de la pièce de monnaie ; mais qu'elle devait comprendre celle du bon conseil, de l'exhortation, de la consolation, et au besoin de la charitable réprimande (3). »

Un des morceaux les plus curieux et les plus instructifs a

(1) Id., 11 février.

(2) *Sermons,* tome II, page 401.

Dans son *Recueil de Prières, de Méditations et de Lectures* (1862), Mme la comtesse de Flavigny reproduit deux morceaux de Henri Griffet ; celui sur le luxe se trouve à la page 512.

(3) Conseils et allocutions adressés à des enfants d'ouvriers et à leurs familles dans des distributions de prix d'écoles de village, par M. Ph. Damiron, de l'Institut.

pour titre *les reproches que les riches font aux pauvres* ; en voici une partie :

On leur reproche leur oisiveté, leur paresse et leurs impostures. Mais ces reproches ne sont pas toujours vrais...... Les riches devraient s'appliquer à eux-mêmes les reproches qu'ils font aux pauvres. Ce sont, disent-ils, des gens oisifs et paresseux qui pourraient vivre de leur travail, et qui se font un métier de leur misère. Mais quel usage les riches du monde font-ils de leurs forces et de leur temps ? Est-il rien de plus inutile que leur vie ? Ne se passe-t-elle pas tout entière à ne rien faire, ou à faire des riens ? Ils reprochent aux pauvres leurs artifices et leurs impostures. Mais de quels artifices et de quelles impostures n'usent-ils pas eux-mêmes pour obtenir des faveurs et des grâces ? Ne se font-ils pas plus pauvres qu'ils ne le sont ? Ne disent-ils pas qu'ils sont menacés d'une ruine entière, si l'on ne satisfait au plus tôt les désirs insatiables de leur ambition ? (1)

Quoique ces citations soient longues et nombreuses, nous n'avons cependant pas hésité à les faire, car elles étaient nécessaires pour nous montrer l'esprit vraiment chrétien qui animait notre compatriote. D'un autre côté, le volume des *Méditations* se trouve maintenant difficilement, et il est toujours bon de faire entendre de telles vérités si propres à élever les âmes.

III.

Après avoir examiné Henri Griffet comme théologien, comme moraliste, et comme orateur chrétien, étudions-le comme historien. Au premier rang de ses travaux historiques, il faut placer son édition corrigée et considérablement augmentée de l'Histoire de France du Père Daniel. Disons tout de suite que les tomes 13, 14 et 15, conte-

____

(1) *Méditations pour chaque jour de l'année*, 21 juillet.

nant l'histoire de Louis XIII (1), et le tome 16 renfermant le journal du règne de Louis XIV, appartiennent entièrement à l'éditeur. « La continuation de l'histoire de France du Père Daniel, et l'histoire de Louis XIII, s'il faut en croire Sabatier (2), est particulièrement ce qui lui assure une gloire solide parmi nos utiles littérateurs. Les dissertations (3) qu'il a répandues dans le corps de l'ouvrage du Père Daniel, sont d'une instruction et d'une netteté qui jettent le plus grand jour sur plusieurs parties de nos annales qui n'étaient pas encore assez développées. L'érudition, la sagacité, la méthode y marchent d'un pas égal, revêtues du genre de style convenable à ces sortes de discussions. Le volume qu'il a ajouté aux mémoires chronologiques du Père d'Avrigny, son confrère, est marqué au même coin. Son dernier ouvrage, sur la manière d'écrire l'histoire, doit être regardé comme le code de tous les historiens. »

La nouvelle édition de l'Histoire de France du Père Daniel (1755. renferme un long avertissement dans lequel on se plait à nous parler de la méthode qu'il a suivie pour mener à bien la grande œuvre qu'il avait entreprise ; on indique les sources où il a puisé, les documents dont il s'est servi On nous avertit « qu'on a cru devoir laisser le texte du Père Daniel tel qu'il est dans la dernière édition de son Histoire de France, imprimée à Paris en 1729, si ce n'est lorsqu'il a fallu simplement corriger quelque expression et réformer une date

(1) Jean de Lorme, né à Moulins en 1547, fut nommé premier médecin de Louis XIII, après avoir rempli les mêmes fonctions près de la reine, femme de Henri III, de Marie de Médicis et de Henri IV. — Jean de Lingendes, né à Moulins en 1595, devint aumônier de Louis XIII, et prononça en 1643 l'oraison funèbre de ce prince.

(2). Les trois siècles de notre littérature depuis François Ier jusqu'en 1772

(3). A la fin de notre travail, nous indiquerons les volumes et les pages où se trouvent ces dissertations.

ou un nom défiguré................................ ....

.... Les autres changements, additions ou cor-
rections ont été mises au bas des pages en forme de notes, ou
à la suite des règnes en forme de dissertations............

.... On peut affirmer avec confiance, continuc-
t-on, que ces notes et ces dissertations sont écrites avec la
plus grande impartialité. On n'a jamais cherché qu'à démêler le vrai d'avec le faux, et l'on a toujours rendu la justice
la plus exacte au Père Daniel. On a pris sa défense lorsqu'on
a cru qu'il avait été injustement attaqué, et lorsqu'il s'est
trompé, non-seulement on ne le dissimule pas, mais on le
prouve. »

Voici le jugement que porte Griffet sur son confrère :

« Il est certain que le Père Daniel ne ressemble point aux
historiens de la Grèce et de Rome , ni par l'abondance des
images, ni par la vivacité des peintures, ni par la force et par
l'énergie de l'expression. Mais on ne peut lui refuser la gloire
d'avoir donné à la France une histoire savante et solide, où
les faits sont exposés avec beaucoup d'ordre et de clarté, et
presque toujours discutés avec la plus exacte critique. »

Le 13 avril 1754, le provincial de la Compagnie de Jésus,
Mathurin-Germain-le-Forestier, donna au Père Henri Griffet
la permission de faire réimprim r l'Histoire de France du Père
Daniel, augmentée de notes et de dissertations critiques et historiques sur les principaux évènements de chaque règne, qui
ont été vues et approuvées par trois réviseurs de ladite compagnie. Le 16 novembre de la même année, le même Provincial permit de faire imprimer l'histoire de Louis XIII. Enfin,
le 2 juillet 1755 , le censeur royal La Palme donna l'approbation suivante :

« J'ai lu par ordre de Monseigneur le Chancelier, la nouvelle édition de cette histoire. Le texte du Père Daniel y est
souvent ou éclairé, ou corrigé, ou défendu dans les notes ; les
objets les plus importants de notre histoire y sont scrupuleusement discutés dans les dissertations ; et les recherches qui

remplissent ces notes et ces dissertations m'ont toujours paru
heureuses J'y ai trouvé encore les principales découvertes de
nos critiques : elles sont dispersées dans leurs ouvrages ;
elles y sont détachées, le public les trouvera ici réunies à l'histoire générale, et les soins de l'éditeur l'ont conduite au de-
gré d'exactitude et de perfection qui doit fixer l'autorité d'un
ouvrage dans ce genre. Il l'a enrichie d'une nouvelle histoire
du règne de Louis XIII ; il n'a rien épargné pour découvrir
la vérité des faits; il les expose dans les plus grands détails,
et il les présente toujours d'une manière intéressante. Enfin
la critique de l'éditeur, dans les différentes parties de son travail, m'a paru toujours sage et éclairée, et son style toujours
clair, élégant et facile. »Nous sommes donc en droit de dire que
Henri Griffet a beaucoup contribué au succès qu'a eu l'ouvrage de son confrère, « en rendant cette nouvelle édition
plus complète et plus instructive que toutes les autres,
en y ajoutant les éclaircissements et les découvertes posté-
rieures à la dernière édition du Père Daniel, que l'on a pu recueillir des pièces imprimées ou manuscrites que l'on a con-
sultées et des recherches de plusieurs savants qui ont écrit
sur l'histoire de France, après le Père Daniel. •

En tête de l'histoire de Louis XIII se trouve une préface où,
en nous faisant connaître les nombreuses pièces curieuses et
intéressantes dont on s'est servi pour l'écrire, on a aussi soin
de nous apprendre « qu'on s'est fait une loi d'éviter également
le style de la flatterie et celui de la satyre................
............et que si elle ne mérite pas le suffrage du public
par la beauté du style, on se flatte qu'elle sera au moins intéressante par la multitude et la singularité des recherches
dont on a tâché de l'enrichir. »

Dans ces trois gros volumes in-4° se déroulent dans tout
leur ensemble tous les faits de ce règne si fécond en grands
évènements Nous assistons à la régence si agitée de Marie de
Médicis et à la puissance du florentin Concini, connu plus
tard sous le nom de maréchal d'Ancre. Nous pouvons suivre

5

les longs et stériles débats des états-généraux qui ne purent remédier aux embarras du pouvoir toujours en butte aux révoltes des seigneurs. Mais tout va bientôt changer, car au favori Luynes succède Richelieu, dont le génie et la main puissante doivent préparer l'unité de la nation française. Après la prise de Saumur et la résistance invincible de Montauban, le nouveau ministre veut porter le dernier coup au parti protestant en mettant le siége devant La Rochelle. Alors passent sous nos yeux toutes les péripéties de ce drame terrible qui devait coûter à la France, avec tant de sang généreux, plus de quarante millions (1). Ecoutons Griffet nous peindre une partie des misères que les Rochelois eurent à supporter pendant les trois années que dura ce siége:

Il est temps de reprendre la suite des principaux événements du siége de la Rochelle. Toutes les issues en étaient fermées, et il était impossible d'y faire entrer aucune sorte de provisions. Le peu de vivres qui restait dans la ville se consommait insensiblement, et ne se distribuait aux bourgeois et aux soldats qu'avec poids et mesure : les gens riches en trouvaient encore, mais le peuple souffrait une extrême disette. Le 24 mai (1628), on assembla une grande multitude de femmes, de vieillards, d'enfants et d'autres bouches inutiles, que l'on contraignit par force de sortir de la ville. Ils se présentèrent aux lignes et aux forts des assiégeants : mais le roi avait fait défense que l'on en reçût aucun, et on leur tira des coups de mousquet pour les obliger à rentrer dans la ville. On arracha les herbes et les légumes qui croissaient entre les murailles et le camp, pour les empêcher de les venir cueillir pendant la nuit, et lorsque quelqu'un sortait pour prendre quelque coquillage sur le bord de la mer, on lui criait de se retirer, sans quoi il était tué sans miséricorde. Ces malheureux trouvaient la mort de quelque côté qu'ils se tournassent. Dans la ville ils périssaient par la faim, et au-dehors par les armes des assiégeants. Les Rochelois, touchés des cris et des hurlements de ceux qu'ils avaient chassés

____

(1) *Histoire de Louis XIII*, tome 1, page 626. Le clergé fournit trois millions.

le 24 mai, leur ouvrirent les portes, moins pour mettre leur vie
en sûreté que pour les exposer à la perdre par une mort plus lente
et plus cruelle. Au milieu de cette affreuse désolation, Jean Guiton,
maire, capitaine et gouverneur de la Rochelle, témoignait une fermeté, ou plutôt une obstination et une insensibilité à l'épreuve de
tout (1). . . . .
. . . . On prétend qu'il y eut plus de quinze mille personnes qui
moururent de faim et de misère pendant le siège. Ceux qui vi-
vaient encore ressemblaient plutôt à des squelettes animés qu'à
des hommes. Sur la fin du siége, le boisseau de blé coutoit huit
cents francs, une vache fut vendue sept cents écus, et le prix de sa
chair fut mis à cent sols la livre par ordonnance de la police. Le
pain monta dans la suite jusques à douze francs la livre ; la chair
de chien, d'âne, de cheval se vendoit pareillement à la livre , quatre ou six francs. Une livre de peau de bœuf apprêtée avec du sucre
valoit un écu, un mouton en valoit cent. Le roi fit faire un mémoire
où le prix de toutes ces denrées était marqué , et il l'envoya aux
reines à Paris. (2)

Avec la prise de La Rochelle, le protestantisme français fut
vaincu, comme parti politique, et la puissance de la noblesse
singulièrement amoindrie. A l'extérieur, Richelieu ne fut pas
moins heureux dans l'exécution de ses projets contre la maison
d'Autriche, grâce à son alliance avec les princes protestants
allemands pendant la guerre de Trente-Ans.

Ami des lettres et des arts, Richelieu créa l'Académie française, • dont les uns, dit Henri Griffet, rapportent l'établissement à l'année 1634 où les statuts furent dressés ; les autres
au mois de janvier 1635, où l s lettres-patentes de l'établissement furent expédiées ; d'autres enfin, tels que l'auteur des
Mémoires chronologiques, au 10 juillet 1637, où ces lettres
furent enregis'rées au Parlement. Il paraît plus naturel,
ajoute-t-il, de le fixer à l'année 1635, puisque, suivant les
statuts, le sceau de l'Académie devait porter l'empreinte du

(1) *Histoire de Louis XIII*, tome 1, pages 590 et 591.
(2) Id., page 618.

portrait du cardinal avec cette inscription : *Armand cardinal,
duc de Richelieu, protecteur de l'Académie française, établie
en 1635* » (1).

Il est curieux de lire, à la page 579 du troisième volume, le
jugement que portait sur lui-même le cardinal-ministre. « Il
donna lui-même un jour au marquis de la Vieuville, rapporte
notre historien, une idée assez juste de son caractère Je n'ose
rien entreprendre, lui dit Richelieu, sans y avoir bien pensé :
mais quand une fois j'ai pris une résolution, je vais à mon
but, je renverse tout, je fauche tout, et ensuite je couvre tout
de ma soutane rouge. » Montglat avait donc raison de dire
qu'on était las du gouvernement de Louis XIII, qui avait toujours dépendu d'autrui plus que de lui-même.

Avant de terminer l'exposé succinct de ce règne, nous
devons dire que Jean-François de la Guiche, comte de Lapalisse, seigneur de Saint-Gerand et gouverneur du Bourbonnais,
né au château de Lapalisse, fut élevé par Louis XIII à la dignité
de maréchal de France. Avec lui, nous citerons le baron de
Chouvigny de Blot, issu d'une des plus anciennes familles du
Bourbonnais, gentilhomme de Gaston duc d'Orléans frère de
Louis XIII ; il contribua à l'élévation de Mazarin, en l'indiquant
à Richelieu qui cherchait à remplacer le Père Joseph. Parvenu
au pouvoir, Mazarin ne se souvint plus de son ancien protecteur, qui se vengea en poète, s'il faut en croire l'annuaire de
1826, par des épigrammes et des couplets. Dans la guerre de
la Fronde, il prit parti contre le cardinal, et sa verve y fournit
pour armes des bons mots et mille saillies piquantes. Mme de
Sévigné, en parlant de quelques-uns de ces couplets, préten-
dait *qu'ils avaient le diable au corps* (2).

En quittant ce travail, il est bon de rappeler qu'entre autres
ouvrages, le jésuite Jean-Henri Aubery, né à Bourbon-l'Ar-

---

(1) *Histoire de Louis XIII*, tome II, page 658.

(2) Voir l'annuaire de l'Allier de 1826 et la Biographie universelle des
frères Michaud.

chambault en 1569, avait fait paraître à Toulouse, en l honneur du roi dont notre compatriote fut l historien, une pièce de vers intitulée : *Vota pro salute regis Lud. XIII*; et que Jacques Dinet avait composé, dit la *Biographie universelle*, l'Idée d'une belle mort, ou Récit de la fin de Louis XIII, imprimé à Paris à l'imprimerie royale en 1656.

L'année 1764 est une date importante dans la vie de Henri Griffet. En effet, c'est alors que Louis XV, « cédant à tous les parlements et aux cris de toute la nation (1), » dissout sans retour la société à laquelle il appartenait. Ayant pris avec ardeur la défense de son ordre attaqué de toutes parts, et du reste trop grand personnage parmi ses confrères, il ne put rester en France, malgré la demande qu'il en fit au Parlement, afin de pouvoir subir l'opération de la taille. « Il n'y a qu'un corps qui puisse avoir le courage, s'écrie Voltaire, d'ajouter quelque chose au malheur d'un homme condamné à une opération cruelle et dangereuse. On ordonna par arrêt que Griffet serait sondé par les chirurgiens du Parlement. C'était le comble de la barbarie d'exiger qu'un malade se soumît à essuyer une opération douloureuse, et où la maladresse d'un chirurgien peut causer la mort, par la main d'un homme à qui il n'avait point donné sa confiance. Griffet aima mieux partir; et telle était alors la haine contre les jésuites, que le Parlement crut n'avoir fait que suivre les formes. » Obligé de quitter la France, il se retira à Bruxelles où il sut se faire des

(2) Voltaire, *Histoire des Parlements*, chapitre LXVIII, page 360.— M. de Coiffier, dans les quelques lignes qu'il consacre à H. Griffet, l'Annuaire de 1826 et l'*Ancien Bourbonnais* disent, l'un après l'autre, que Voltaire le cite *comme un puits de science*. Dans l'intérêt de la vérité, nous devons dire, que tel n'était point le jugement de ce grand critique sur notre compatriote ; car outre que cette assertion nous est donnée sans aucune preuve à l'appui, nous trouvons dans l'*Histoire des Parlements*, à la page 360, chapitre LXVIII, la preuve la plus éclatante du contraire. On nous permettra toutefois de ne pas souscrire à ce jugement.

amis et des partisans par son caractère officieux et honnêt :
que relevait son mérite (1).

D'après la Biographie universelle des frères Michaud et le
nouveau Dictionnaire historique et critique de Desessarts,
Henri Griffet serait mort dans cette dernière ville le 22 février
1771 ; le Dictionnaire universel donne la .date de 1774 ;
Chaudon et Delandine. le Dictionnaire universel de Watkins
et M. de Coiffier le font vivre jusqu'au 22 février 1775.

Des nombreuses productions dues à la plume facile de ce
jésuite, plusieurs furent composées dans les dernières années
de sa vie, lors de son séjour à l'étranger. Parmi ces ouvrages,
nous citerons l'*Histoire de Tancrède de Rohan*, avec quelques
autres pièces concernant l'histoire de France et l'histoire romaine ; les *Mémoires de la Trémouille*, l'*Insuffisance de la
Religion naturelle* ; le *Traité des différentes preuves qui servent à établir la vérité de l'histoire* ; et enfin, les *Délices des
Pays-Bas*, le plus connu de ses différents ouvrages selon
Watkins.

Il n'y a qu'un instant, nous admirions Griffet écrivant dans
la vie de Louis XIII une grande page de notre histoire nationale, arrivons maintenant à ses remarques sur la naissance
de Henri II, prince de Condé. et à son *Histoire de Tancrède
de Rohan*, fils de ce duc de Rohan, l'un des premiers hommes
de guerre du protestantisme français. Pour nous, ces deux
morceaux d'histoire sont la preuve la plus éclatante et la plus
manifeste de l'impartialité dont fit preuve notre historien
dans tous ses écrits historiques, et c'est seulement à ce titre
que nous voulons en parler.

Tout le monde connaît les longs et tristes démêlés qui
eurent lieu à la mort du duc de Rohan, entre la mère et la
fille de cette illustre maison, touchant l'existence de Tancrède. dont la sœur, épouse du comte de Chabot, et Riche-
ieu vou'aient à tout prix et par tous les moyens possibles

---

(1) *Dictionnaire historique* de Chaudon et Delandine.

contester la légitimité. Dans ce fameux procès, deux illustres orateurs, Patru et Talon, portèrent la parole. L'avocat-général Talon « conclut à ce que les défaillants (c'est-à-dire la duchesse douairière de Rohan et Tancrède son fils) fussent déboutés de leurs requêtes, et que l'on adjugeât aux parties comparantes leurs fins et conclusions. » A la suite de ce procès, intervint un arrêt du 26 février 1646 qui défendait à Tancrède de prendre le nom et les armes de la maison de Rohan. Ne se laissant point abattre par ce coup terrible, digne fils d'un si glorieux père, le jeune Tancrède prit parti comme volontaire dans les troupes que peu de temps après le Parlement organisa contre celles du roi qui venait de faire investir Paris. Se conduisant en héros, il trouva la mort près du château de Vincennes, dans la vallée de Fécan, le 1er février 1649, à l'âge de dix neuf ans. La mort de Tancrède mit fin au procès qu'il avait avec sa sœur, mais elle ne termina pas la querelle de la mère et de la fille.

De cette histoire, nous ne citerons que quelques lignes, celles dans lesquelles Griffet apprécie le caractère du duc de Rohan, appréciation bien digne d'un esprit dégagé des grossiers préjugés du temps.

Je trouve dans un manuscrit de ce temps-là, que ce qui détermina le duc de Rohan à cacher avec tant de soin la naissance de cet enfant, c'est que voulant marier sa fille avec le comte de Soissons, qui, n'étant pas riche, ne l'aurait pas épousée, s'il n'eût cru qu'elle était l'unique héritière de tous les biens de son père, il était important que ce prince ignorât qu'elle avait un frère, jusqu'à ce que ce mariage fût accompli. Mais, pour peu que l'on connaisse le caractère du duc de Rohan, l'on ne croira jamais qu'il ait été capable d'une pareille supercherie. Il craignait bien plus le cardinal de Richelieu, qu'il ne désirait de marier sa fille au comte de Soissons; et l'on prouvera bientôt, par des écrits signés de sa main, qu'il ne cacha la naissance de son fils, que pour le soustraire au pouvoir et à la violence du ministre. (1)

____

(1) Histoire de Tancrède de Rohan, pages 9 et 10.

Dans le même volume, se trouvent encore les remarques sur
la naissance de Henri II, prince de Condé ; l'histoire des négociations secrètes de la France avec la Hollande qui précédèrent le traité d'Utrecht ; observations sur les troubles de la
Régence pendant la minorité de Louis XIV ; recherches sur
les finances des Romains ; et, enfin, des guerres civiles des
Romains.

Dans les remarques sur la naissance de Henri II, Griffet,
venant à se demander d'où était venu le préjugé que le prince
Henri II de Condé, père du grand Condé, était né treize mois
après la mort de son père croit pouvoir en accuser les Hugue-
nots ; mais il a soin d'ajouter : « et quand je parle des Hugue-
« nots, je n'entends par là que le peuple et la multitude ;
« car il était impossible que les personnes sages et éclairées de
« cette secte adoptassent sérieusement une pareille extrava-
« gance : ils se contentaient tout au plus de ne la pas
« contredire ; mais il est impossible qu'ils en fussent les
« auteurs ni même les échos (1). »

Pour notre compatriote, la vérité est chose sacrée, qu'il
s'agisse d'un ami ou d'un ennemi, d'un coreligionnaire ou
d'un adversaire. On aime le commerce de tels hommes, on se
plaît à la lecture de leurs écrits. Quel modèle à offrir à bien
des historiens (2). Qu'il nous soit permis néanmoins de pro-

____

(1) Remarques sur la naissance de Henri II, page 103.

(2) A côté de Henri Griffet, n'oublions pas de citer Beauquaire de Pé-
guillon, né au château de la Creste, près Montluçon, en 1514.—Dans le
deuxième volume du Bulletin de la Société d'émulation, M. Alary a donné
la première partie d'un travail sur cet historien encore trop peu connu.—
Nous pouvons encore citer comme historien Guillaume de Jaligny, secrétaire du duc de Bourbon Pierre II, et né en Bourbonnais dans le
xve siècle. Il a laissé *une histoire de plusieurs choses mémorables ad-
venues du règne de Charles VIII, ès-années 1486, 87, 88 et 89.* Cette
histoire, ajoute le Père Lelong, est imprimée la première du recueil que
Denis Godefroy a publié en 1684, de l'histoire de Charles VIII; parce que

tester contre le jugement que porte sur son siècle Henri Griffet.
Dominé par les apparences, et laissant de côté le travail intérieur qui se produisait, lui qui dans tant de circonstances
difficiles et délicates avait si bien su les découvrir, il ne
craint pas d'avancer que le *dix-huitième siècle sera l'opprobre
des siècles à venir* (1). Mais qui ne sait que, malgré tous ses
vices et tous ses désordres, la société d'alors possédait des
hommes illustres dont les écrits et les travaux, imbus des
immortels principes du christianisme, préparèrent le grand
mouvement de 1789, qui eut pour heureux résultat d'édifier à
nouveau les sociétés modernes sur des bases plus conformes
à la raison et à la religion de l'Evangile. Que faut-il de plus
pour infirmer un tel jugement ?

En 1767 parurent, avec l'approbation de L. Pasteger, curé
de Saint-Martin et examinateur synodal, les *Mémoires de
Henri Charles de la Trémoille*, *prince de Tarente*, revus
avec soin par notre éditeur, qui y a même ajouté quelques
notes historiques et critiques.

C'est, nous dit Griffet dans la préface historique placée en tête
de l'ouvrage, un des plus grands seigneurs du royaume (2) qui,
dans la vue d'instruire ses enfants, leur raconte les principales
circonstances de sa vie. C'est le petit neveu de Frédéric-Henri,
prince d'Orange, qui fait ses premières armes sous ce grand capitaine, et qui passe la plus grande partie de sa jeunesse en
Hollande, où il s'attire l'estime et la confiance des Etats-Généraux.
C'est l'ami fidèle du grand Condé, qui commande pour lui dans la

de tous les historiens contemporains, c'est lui qui a le plus fidèlement
rapporté toutes les intrigues de ce règne, et elle comprend l'abrégé de la
vie d'Odet d'Aydie, sieur de Lescun, comte de Comminges, amiral de
Guyenne.

(1) Sermon sur la passion de Jésus-Christ, tome III, page 292.

(2) Ce prince, né à Thouars (Deux-Sèvres) en 1620, descendait de cet'e
illustre famille de la Trémouille, dont l'origine remonte au règne de
Henri Ier.

Xaintonge, pendant que ce prince faisait la guerre en Guienne ; qui
combat avec lui à la journée de Saint-Antoine, et qui soutient ses
intérêts avec une constance et une fermeté inébranlables, jusqu'à
souffrir la prison et l'exil, plutôt que de l'abandonner dans ses dis-
graces. — Ces mémoires, continue-t-il, ont été copiés sur un manuscrit qui vient certainement de lui, quoiqu'il ne soit pas de sa
main, et qui a été communiqué par feu M. le prince de Talmond,
son petit-fils. On n'a rien changé à la substance des faits ; on y a
seulement corrigé quelques fautes de style, et l'on en a retranché
divers détails peu propres à intéresser le lecteur, et qui ne servaient qu'à rendre la narration languissante.

Son *Traité des différentes preuves qui servent à établir la
vérité de l'histoire*, ouvrage aussi intelligent que bien fait, selon
le Père Lelong, doit aussi fixer notre attention. Animé du véritable esprit de l'historien qui aspire à être digne de ce nom,
Henri Griffet examine et scrute, le flambeau de la critique à
la main, tous les documents et tous les écrits historiques de
quelque importance. Ne voulant dans cette science que la
vérité, il ne craint pas de porter un jugement plus ou moins
sévère sur l'abbé de Saint-Réal, sur le jésuite Maimbourg, sur
le bénédictin dom Calmet, dont la réputation était alors solidement établie. Les mémoires de Pontis, du cardinal de Retz,
de Tavanne, l'histoire même du Père Daniel, pour ne citer
encore que quelques noms, sont aussi l'objet de ses critiques.

Parmi les sujets sur lesquels les documents les plus opposés,
les plus contradictoires ont été fournis, on peut, sans contre-
dit, citer la Saint-Barthélemy. Sur ce point, comme sur tous
les autres, Griffet cherche, en homme consciencieux, à
démêler le vrai d'avec le faux ; il pèse les témoignages, il
rejette ceux qui lui paraissent dictés par un esprit de parti,
pour s'arrêter à ceux qu'il croit être l'expression même de la
vérité. Si nous parlons de ce triste fait de notre histoire, c'est
que nous avons à cœur de faire connaître le jugement qu'en
a porté notre compatriote. A la page 137 de ce traité, il dit
hardiment que la Saint-Barthélemy a été *une affreuse pros-*

cription ; et à la page 165, il l'appelle *un horrible massacre*
qu'on aura toujours de la peine, quoi qu'on puisse dire, à faire
passer pour avoir eu lieu sans préméditation, condamnant
ainsi toutes les apologies qui en ont été faites. Dans le tome x
de son *Histoire de France*, le Père Daniel est loin d'avoir
cherché à excuser ou à affaiblir l'horreur d'un tel fait ; cependant, Griffet affirme, à la page 403, que cet historien *s'est
mal expliqué sur ce massacre*, quoiqu'il soit, poursuit-il, plus
impartial que bien des gens ne pensent. Aussi, dans ses observations sur le règne de Charles IX, s'appropriant trois vers
du poète latin Stace (1), que Christophe de Thou, premier
président au Parlement de Paris, avait coutume d'appliquer à
la Saint-Barthélemy, il la flétrit avec ce cri d'indignation
d'une grande âme :

> *Occidat illa dies œvo : nec postera credant*
> *Sœcula ; nos certé taceamus et obruta multá*
> *Nocte tegi nostræ patiamur crimina gentis* (2).

En un mot, il se montre, dans ce nouvel écrit historique,
tel qu'il nous est apparu dans son histoire de Tancrède de
Rohan et dans ses remarques sur la naissance de Henri II,
c'est-à dire historien éclairé et impartial.

Il nous resterait encore, pour compléter la revue des ouvrages de notre compatriote, à parler de ses mémoires et brochures concernant l'Institut, la doctrine et l'établissement des
jésuites en France. Ces différents ouvrages ne se trouvent pas
entre nos mains ; mais, eussions-nous pu les consulter, nous

____

(1) Stace, né à Naples, l'an 61 de Jésus-Christ, et mort à l'âge de
trente-six ans.

(2) Voici la traduction des trois vers que nous venons de citer, cette traduction se trouve à la page 580 du dixième volume de l'histoire de France
du Père Daniel: « Que ce jour funeste soit effacé de nos annales; puisse-t-il
être inconnu aux siècles à venir. Gardons-nous de le leur apprendre, et
laissons plutôt ensevelir dans un éternel oubli les crimes de notre nation. »

n'aurions pas voulu entrer dans l'examen de ces controverses et de ces discussions qui doivent s'effacer devant les grands principes religieux et moraux que nous connaissons, principes qui sont l'honneur et la vie même du Christianisme, et que Henri Griffet a si bien su mettre en lumière. Nous avons pensé que, dans un travail comme celui que nous entreprenions, ce qu'il fallait avant tout chercher, c'était l'union et la paix des esprits.

En arrivant à la fin de cette partie de notre notice, disons avec les *Siècles littéraires de la France* de Desessarts : « qu'une « mémoire heureuse, un esprit facile, joint à beaucoup « d'amour pour le travail, donnèrent à Henri Griffet les « moyens de se livrer avec succès à plusieurs genres de litté- « rature. » Nous sommes heureux de pouvoir ajouter, à la louange de notre compatriote, « écrivain laborieux et esti- mable (1) » que peu de vie fut mieux remplie par l'étude et par le travail : par l'étude des grands problèmes de l'existence humaine dans ses rapports avec Dieu et dans les rapports des hommes entre eux ; et par le travail par excellence, l'apostolat des âmes. A son exemple, sachons nous mettre au-dessus des préjugés et des passions humaines, et ne craignons pas de proclamer le mérite d'un de nos compatriotes, malgré sa qua- lité de membre d'une société que l'histoire a depuis longtemps jugée. Si nous nous sommes étendu avec complaisance sur ce sujet, si nous avons extrait des œuvres de Henri Griffet tant de pages, c'est que nous avons cru que, pour honorer sa mé- moire, nous devions surtout, et avant tout, faire revivre au milieu de nous et dans leur style, des pensées aussi élevées et aussi pratiques que celles qu'il nous a léguées dans les diffé- rents ouvrages dont nous avons parlé. « Etablir le règne de Dieu dans son âme et s'il se peut dans celles des autres (2), »

(1) Biographie universelle des frères Michaud.

(2) Méditations pour chaque jour de l'année, 26e méditation du mois de juin.

tel a été, si nous ne nous trompons, le but de la vie entière
de notre compatriote. Quel monument n'aurions-nous pas
élevé à sa mémoire, si cette pensée était entendue, si cet
exemple était suivi !

IV.

Pour compléter notre travail sur Henri Griffet, nous pu-
blions, avec le catalogue de ses œuvres, le relevé des principales observations critiques et historiques qu'il a insérées dans
son édition de l'*Histoire de France* du Père Daniel. Nous
croyons aussi, devoir donner le catalogue détaillé des différents ouvrages des trois autres membres de la famille Griffet,
dont nous avons dit quelques mots au début de cette notice.
De cette manière, nous rendrons plus visibles, nous l'espérons,
les preuves d'intelligence, de travail et de savoir dont ils firent
preuve dans les différentes positions où la Providence les
plaça. Nous aurons soin d'indiquer par un astérisque ceux
de ces ouvrages que possède la bibliothèque de la Société
d'Emulation, et par une croix ceux qui se trouvent à la bibliothèque de la ville de Moulins.

OBSERVATIONS CRITIQUES ET HISTORIQUES

INSÉRÉES PAR HENRI GRIFFET DANS LES DIFFÉRENTS VOLUMES
DE L'HISTOIRE DE FRANCE DU PÈRE DANIEL.

—

Tome II.

Observations critiques et historiques sur l'histoire
de la première race.

1. Du premier roi de France.
2. Du tombeau de Childéric qui se voit à la bibliothèque du roi.
3. Du sacre des rois de la première race.
4. De la sainte ampoule de Reims.
5. De la longue chevelure des rois de la première race.
6. Du droit de succéder à la couronne dans le temps de la première race.
7. Des médailles des rois de la première race.
8. Des chartes des rois de la première race.
9. De la religion des Français sous la première race.
10. De la langue des Français sous la première race.
11. Des lois saliques.
12. Les Gaulois sujets des rois de la première race.
13. Des tributs que les sujets des rois de la première race leur payaient.
14. Du partage des terres entre les Gaulois et les Français.
15. Des différentes conditions ou états qui étaient en usage parmi les Français dans le temps de la première race.
16. Des maires du palais.
17. Des titres de ducs, comtes et marquis.
18. Des différents partages de l'empire français dans le temps de la première race.

19. De la manière dont les rois prenaient possession du trône dans le temps de la première race.

20. Des assemblées ou parlements qui se tenaient sous les rois de la première race.

21. Des fleurs de lis.

22. Du titre de très-chrétien.

23. Des titres de consul et d'auguste donnés à Clovis.

Tome III.

Observations critiques et historiques sur l'histoire de la seconde race.

1. Des médailles des rois de la seconde race.

2. De la translation de l'empire d'Occident à la personne et à la famille de Charlemagne.

Observations critiques et historiques sur le règne de Hugues-Capet.

1. De la généalogie de Hugues-Capet.

2. Des pairs de France.

Sur le règne de Louis-le-Jeune.

1. De l'abbé Suger.

Tome IV.

Sur le règne de saint Louis.

1. Chronologie de ce règne.

2. Des monnaies.

3. De l'histoire de saint Louis, par le sire de Joinville

4. Des guerres privées.

5. De Thibaut, comte de Champagne.

6. De l'apanage donné à Philippe, fils aîné de saint Louis.

Tome V.

Sur le règne de Philippe-le-Bel.

1. De l'élection du pape Clément V.

2. De l'abolition de l'ordre des Templiers.

3 De Guillaume de Nogaret.

4. Du temps où le Parlement de Paris a commencé à être sédentaire.

5. Circonstance particulière du démêlé avec le pape Boniface VIII.

Sur le règne de Louis X dit Hutin

1. Affaire de Pierre de la Tilly.

2. Procès d'Enguerrand de Marigni.

Sur le règne de Philippe VI dit de Valois.

1. De Pierre de Cugnières.

2. Procès de Robert d'Artois.

Sur le règne de Jean II.

1. Des Etats-Généraux.

2. De l'état des monnaies sous le règne du roi Jean.

3. De quelques usages particuliers par rapport à l'expédition des ordonnances.

4. Du chancelier Pierre de la Forest.

Tome VI.

Sur le règne de Charles V.

1. De l'entrée des Compagnies dans le royaume en 1367.

2. Du voyage que l'empereur fit en France l'an 1377.

3. Actions et paroles remarquables de Charles V.

4. De l'assemblée des Etats tenus à Paris en 1369.

5. Du connétable du Gues lin.

6. Du cardinal de la Grange.

Sur le règne de Charles VI.

1 Affaires de l'université.

2. Des combats singuliers.

3. Du meurtre de Jean, duc de Bourgogne, sur le pont de Montereau.

4. Des hommes illustres sous le règne de Charles VI : du connétable de Clisson, de Jean le Mercier, seigneur de Noviant, de Jean Juvénal des Ursins, de Jean de Montagu, du maréchal de Boucicaut.

Tome VII.

Sur le règne de Charles VII.

1. D'Agnès Sorel.
2. Du connétable de Richemont.
3. Du comte de Dunois.
4. De Jacques Cœur.
5. De la prise de Harfleur sur les Anglais.
6. De Jean et Gaspard Bureau, grands-maîtres de l'artillerie.
7. De la défaite des Suisses en 1644.
8. De la mort de Marguerite d'Ecosse, dauphine de France.
9. De la retraite du dauphin en Dauphiné.
10. Du mariage du dauphin avec Charlotte de Savoye.
11. De la retraite du dauphin dans les Etats du duc de Bourgogne.
12. Extrait d'une lettre écrite par le comte de Foix sur ce qui se passa dans le conseil de Charles VII à la fin de son règne.

Sur le règne de Louis XI.

1. De Charles de France, duc de Guienne, frère du roi.
2. De Marie de Bourgogne.
3. Du connétable de Saint-Pol.
4. Du cardinal Ballue.
5. Du duc de Nemours.
6. De Charles de Melun.
7. d'Antoine de Châteauneuf, seigneur de Lau.
8. D'Antoine de Chabannes, comte de Dammartin.
9. Du Seigneur de Craon.
10. Du maréchal de Gamaches.

Tome VIII.

Sur le règne de Charles VIII.

1. Epoque des principaux évènements arrivés au commencement de ce règne.

2. De la suite des chanceliers depuis Louis XI jusqu'à Charles VIII.

3. Du cardinal Briçonnet.

4. De Philippe de Comines.

Sur le règne de Louis XII.

1. Du mariage de Louis XII avec Jeanne de France.

2. Du mariage de Louis XII avec Marie d'Angleterre.

Tome IX.

Sur le règne de François Ier.

1. Du connétable de Bourbon.

2. Du cardinal du Bellay.

3. Du chancelier du Prat.

4. Du cardinal de Tournon.

Sur le règne de Henri II.

1. Du duel de Jarnac et de la Châteigneraye.

2. Du maréchal du Biez et du sieur de Vervins, son gendre.

3. De Renée de France, duchesse de Ferrare.

Tome X.

Sur le règne de François II.

1. Du procès d'Anne du Bourg.

2. De la conjuration d'Amboise.

3. De la Renaudie.

4. Des Etats assemblés à Orléans en 1560.

Sur le règne de Charles IX.

1. Des conférences de Bayonne.

2. Du duc de Guise assassiné par Poltrot.

3. De la réconciliation des Guises avec les Coligny.

4. Du massacre de la Saint-Barthélemy.

5. De l'amiral de Coligny.

6. Du maréchal de Tavannes.

7. Du chancelier de l'Hôpital.

8. De Jean de Montluc, évêque de Valence.

9. Du maréchal de Vieilleville.

10. De la mort de Charles IX.

Tome XI.

Sur le règne de Henri III.

1. Du comte de Montgommery.

2. De la journée des Barricades en 1588.

3. De Henri Ier, prince de Condé.

4. De la mort du duc de Guise.

5. De la reine Catherine de Médicis.

6. De la mort de Henri III.

Tome XII.

Sur le règne de Henri IV.

1. Des commencements du règne de Henri IV.

2. Du siége de Paris en 1590.

3. De la mort du président Brisson et des sieurs l'Archer et Tardif.

4. De la blessure de Henri IV par Jean Châtel.

5. De l'assemblée des notables tenue à Rouen en 1596.

6. De Gabrielle d'Estrées.

7. De Mademoiselle d'Entragues.

8. De la maison de Courtenai.

9. De la maison de Chaumont-Quitri.

10. De la mort de Henri IV.

CATALOGUE DES OUVRAGES

DE HENRI GRIFFET.

Ces ouvrages ont trait : les uns à la théologie, les autres à l'histoire.

Dans le premier genre se trouvent :

* 1. L'Année du Chrétien ; Paris, 1787, 18 gros volumes in-12, chez Coignard et Guérin. Nouvelles éditions, Lyon et Paris, 1811, 1812, 18 volumes in-12.

* ✸ 2. Des Sermons ; Paris, Desaint, 1766 ou 1767, 4 vol.; Liège, 3 volumes in-8º et 4 volumes in-12, 1774.

3. Exercices ou Prières pendant la Messe ; Paris, 1762, in-12.

* 4. Exercices de piété pour la Communion ; 1 vol. in-12, Paris, H.-L. Guérin et L.-F. Delatour. Autres éditions : Paris, Mame frères, 1812, 1 vol. in-18 ; Lyon et Paris, 1818 ; Paris, 1820; Paris et Lyon, 1825. — Un mot sur cet ouvrage : entre les différentes méthodes, voyons-nous dans la préface, qu'on peut suivre pour se sanctifier par le fréquent usage de la communion, Griffet en propose une qui a été connue et pratiquée par saint François de Borgia. « Ces réflexions et ces prières sont partagées selon l'ordre des jours de la semaine, en sorte que les trois premiers jours renferment tout ce qui regarde la préparation à la communion ; le quatrième jour n'a pour objet que la communion même ; et les trois derniers jours sont employés à méditer sur les effets de la communion. » Le même Pierre-Claude Fréy, qui a autorisé l'Année du Chrétien, a aussi donné, le 27 octobre 1747, la permission d'imprimer ces Exercices. Le 9 octobre de la même année, le censeur royal Millet donnait son approbation. A la fin de ce volume, nous voyons que le prix de l'Année du Chrétien était alors de cinquante livres.

✳ 5. Histoire des trois Hosties miraculeuses, qu'on nomme le Très-Saint-Sacrement de miracle, qui se conserve à Bruxelles depuis l'an 1370, et dont on y célèbre tous les cinquante ans l'année jubilaire; Bruxelles, 1770, 1 vol. in-8º avec gravures, chez J. Van den Berghen, libraire et imprimeur, rue de la Magdeleine.— Dans son dictionnaire des anonymes et des pseudonymes, M. Barbier indique ainsi cet ouvrage : Histoire des Hosties miraculeuses.

✳ 6. Méditations pour tous les jours de l'année sur les principaux devoirs du Christianisme ; Paris, Guérin et Delatour, 1759, 1 vol. in-12 ; Paris, 1769 et 1801, in-16 ; Bruxelles et Paris, 1807, in-18 ; Bruxelles, 1809, in-18 ; Paris, 1823, 2 vol. in-16 ornés de fronti-pices gravés et de deux portraits ; Paris, 1823, in-12 ; Lyon et Paris, Périsse frères, 1826.

7. L'Insuffisance de la Religion naturelle prouvée par les vérités contenues dans les livres de la Sainte Ecriture ; Liège, chez Bassompierre, et Paris, chez Desaint, 2 vol. in-12, 1770. — L'auteur a rassemblé, dans ce recueil, des pièces qui n'ont presqu'aucun rapport, selon la biographie des frères Michaud, avec son titre, puisqu'on y trouve des remarques sur la version des Septante, sur la Vulgate et sur les nouveaux systèmes du père Hardouin et de l'abbé de Villefroy.

✳ 8. Panégyrique de saint Louis, 1743, in-4º.

9. Hymnes du Bréviaire de Bourges, œuvre estimée, voyons-nous, dans les *Siècles littéraires* de Desessarts.

Dans le genre historique :

✳* 10. Une édition corrigée et considérablement augmentée de l'histoire de France du P. Daniel ; 1755-1758, 12 vol. in 4º, Paris ; Amsterdam, 24 vol. in-12.

Dans son manuel de l'amateur de livres, Brunet dit que le P. Daniel fit paraître d'abord (1696) un premier volume in-4º de son histoire de France, auquel il ne donna pas alors plus de suite ; plus tard, l'ouvrage entier, continué jusqu'à la mort de Henri IV, fut publié à Paris, 1713, en 3 vol. in-folio ; il fut encore publié, en 1722, en 10 vol. in-4º ; mais ces deux édi-

tions ont été entièrement effacées par celle qu'a donnée le
P. Griffet en 1755.

❊ * 11. Histoire de Louis XIII ; 3 vol. in-4°, Paris, 1758,
chez les libraires associés. — A la fin du dernier volume de
cette histoire, on trouve, dit le P. Lelong, diverses pièces curieuses à consulter, et entre autres le testament politique du
cardinal de Richelieu.

❊ * 12. Eloge historique du R. P. Daniel. Elle occupe une
grande partie de la préface de la nouvelle édition de son histoire de France.

❊ * 13. Journal du règne de Louis XIV, renfermé dans le
tome XVI.

14. Recueil de lettres pour servir d'éclaircissement à l'histoire militaire du règne de Louis XIV, depuis 1671 jusqu'en
1694; Paris, 1760-1761, chez Baudet, 8 vol. in-12 ; La Haye,
1760 et 1761, 4 vol. in-12.

❊ 15. Traité des différentes preuves qui servent à établir
la vérité de l'histoire ; Liége, chez Bassompierre, 1769, 1 vol.
in 12, réimprimé l'année suivante avec augmentation de deux
chapitres : l'un (chap. x), de la vérité dans les généalogies ;
et l'autre (xv), de la vérité dans les harangues rapportées
par les historiens. Dans le dernier chapitre de ce traité, Griffet
traite des titres et rangs de la maison de Rohan à la cour des
ducs de Bretagne. On y ajoute quelquefois la réponse de
M. de Sainte-Foix... et recueil de tout ce qui a été écrit sur
le prisonnier masqué. Londres, Paris, Liége, 1770, in-12 de
131 pages.— Dans l'édition de Liége du traité des différentes
preuves, etc. (1769, in-12), Griffet, à la page 291, conjecture
que ce prisonnier pouvait être le duc de Vermandois.— Le
traité des différentes preuves qui servent à établir la vérité de
l'histoire est un ouvrage, dit le P. Lelong, aussi intéressant
que bien fait, et a particulièrement rapport à l'histoire de
France, dont on tire la plupart des exemples.

16. Une édition des mémoires du P. d'Avrigny pour servir
à l'histoire universelle de l'Europe, depuis 1600 jusqu'en

1716, avec des réflexions et remarques critiques. Cet ouvrage a été imprimé plusieurs fois à Amsterdam. Henri Griffet en donna une édition imprimée à Paris chez Guérin et Delatour, 5 vol. in-12; 1757.— Cet ouvrage, qui est une espèce de chronologie raisonnée, dit le P. Lelong, est intéressant pour la discussion de plusieurs récits faits différemment par quelques auteurs.

17. Nouveaux éclaircissements sur l'histoire de Marie, reine d'Angleterre, adressés à M. David Hume ; Amsterdam et Paris, 1766, in-12.

✳ 18. Histoire de Tancrède de Rohan, avec quelques autres pièces, concernant l histoire de France et l'histoire romaine ; Liége, chez J -F. Bassompierre, imprimeur de Son Altesse et libraire, 1767, in-12.— Ces autres pièces sont : 1° Remarques sur la naissance de Henri II, prince de Condé ; 2° Histoire des négociations secrètes de la France avec la Hollande qui précédèrent le traité d'Utrecht ; 3° observations sur les troubles de la Régence pendant la minorité de Louis XIV; 4° Recherches sur les finances des Romains : et 5° des guerres civiles des Romains.

19 Des délices des Pays-Bas, par le chancelier Chryslyn et Pierre Foppens ; Bruxelles, 1743, 4 vol. in-8°; nouvelle édition augmentée de remarques par le P. Griffet ; Liége, Bassompierre, 1769, 5 vol. in-12 avec figures. C'est le plus connu de ses différents ouvrages, s'il faut en croire Watkins.

20 Des éditions des mémoires de la vie de François de Scepeaux, sire de Vieilleville et comte de Duretal, maréchal de France, contenant plusieurs anecdotes des règnes de François Ier, Henri II, François II et Charles IX, composés par Vincent Carloix, son secrétaire; Paris, Guérin et Delatour, 1757, 5 vol. in-12. Le P. Griffet a fait la préface et les notes et a continué les mémoires jusqu'à la mort du maréchal.

✳ 21. Mémoires de Henri-Charles de la Trémoille, prince de Tarente ; Liége, 1767, in-12.— H. Griffet a écrit la préface historique qui se trouve en tête de ce volume, et à la fin il a donné des notes historiques et critiques sur ces mémoires.

22. Mémoires pour servir à l'histoire de Louis, dauphin de France, mort à Fontainebleau le 20 décembre 1765, avec un traité de la connaissance des hommes fait par ses ordres en 1758 (par le P. Griffet et publiés par l'abbé Querbeuf) ; Paris, Simon, 1777, 2 vol. in-12.

La bibliothèque du Louvre possède, sous le numéro 420 de la série F, le manuscrit de Henri Griffet (manuscrit in-4° de 172 pages) sur les mémoires pour servir à l'histoire de Louis, dauphin de France, mort à Fontainebleau le 20 décembre 1765. — Voici la note relative à cet ouvrage, que M Barbier a insérée sous le numéro 11,736 de la seconde édition de son dictionnaire des anonymes et pseudonymes : « Lorsque l'on imprima ces *mémoires*, les scrupules du censeur ou d'autres motifs obligèrent l'éditeur de supprimer, dans le traité de la *connaissance des hommes*, quelques passages. J'ai lu ces mor‑ ceaux copiés en tête d'un exemplaire ; les plus piquans sont relatifs , 1° aux écrits de Voltaire et de Montesquieu (le **P.** Griffet se plaint de ce qu'on a fermé la bouche à ceux qui voulaient leur répondre) ; 2° aux sollicitations dont on assiége les princes lorsqu'ils ont des places à donner (le P. Griffet cite la sollicitation toute puissante de Mme de Maintenon, qui fit faire de mauvais choix à Louis XIV). »

23. Mémoire concernant l'institut, la doctrine et l'établisse‑ ment des jésuites en France ; Avignon, chez Giraud, 1761, et à Rennes, chez Vatard, 1762, in-12. Cette dernière édition est plus ample, plus fidèle et plus correcte. C'est la seule défense des jésuites qui ait été imprimée avec le nom du libraire, nous dit le P. Lelong ; et cependant, nous trouvons le nom du li‑ braire Giraud dans celle imprimée à Avignon en 1761.

24. Remarques sur le compte‑rendu, par M. de la Chalotais, procureur-général au parlement de Bretagne ; 1762, in-12. Cet écrit, attribué à H. Griffet, ci-devant jésuite, a été con‑ damné par les arrêts du parlement de Paris du 24 avril 1762,

de celui de Rennes du 24 du même mois et de Rouen du 6 mai.

✻ 25. Coup-d'œil sur l'arrêt du parlement de Paris du 6 août 1761, concernant l'institut et la doctrine des jésuites. Cet ouvrage, imprimé en 2 vol in-12, le 1er septembre 1761, à Avignon , chez J. Chambeau , imprimeur libraire , près les Frères Prêcheurs, a été attribué aux PP. de Menoux et Griffet. Il avait été imprimé à Prague en 1757.

26. Lettre à M D .. sur le livre intitulé : Emile ou l'éducation, par J.-J. Rousseau ; Amsterdam et Paris, 1762, in-12·

27. Varia carmina ; chez Bassompierre, 1766, in-4°.

En terminant ce long catalogue de toutes les productions de notre compatriote, nous dirons, avec la Biographie universelle des frères Michaud, qu'il avait le projet de traduire toutes les oraisons de Cicéron , mais qu'il ne put achever la traduction que des vingt premières. Dans son année littéraire, Fréron dit qu'on y trouvait la force, l'élégance et la vivacité de l'original.

CATALOGUE DES OUVRAGES

DE CLAUDE GRIFFET.

1. Cerebrum, poème latin.

2. De arte regnandi, poème latin.

(Ces deux poèmes sont insérés dans le supplément aux Poëmata didascalica ; Paris, 1813, in 12.)

3 Une pièce de vers français sur la majorité de Louis XV.

✻ 4 Edition des tragédies du P. Porée ; 1745, in-12.

5. Edition des discours du P. Porée ; 1746, 3 vol. in-12.

6. Edition des fables du P. Porée ; 1749, in-12.

CATALOGUE DES OUVRAGES

DE ANTOINE GILBERT GRIFFET DE LA BAUME.

1. Galatée, comédie en un acte et en vers ; 1776, in-8°.

2. Agathis, scène en vers et en prose ; 1778, in-12.

3. Lettres sur le désastre de Messine, traduites de l'italien :
1779, in-8°.

4. Les épanchements de l'amit é et de l'imagination, traduits de l'anglais de Langhorne, publiés par Imbert ; 1780,
in-8°, et in-18 selon Barbier.

5. Evélina, ou l'entrée d'une jeune personne dans le monde,
traduit de l'anglais , de miss Burney, et abrégée ; Bouillon,
1785, 2 vol. in-12 ; 1816, 2 vol. in-12.

6. Sermons choisis de Sterne, traduits de l'anglais : 1786,
in-12.

7. Quelques vers ; Paris, Royez, 1785, in-16 ; nouvelle édition, Paris, an IX (1802), in-12.

8. Daniel, traduit de l'allemand, de Moser; 1787, in-18.

9. Réflexions sur l'abolition de la traite et de l'esclavage des
nègres, traduites de l'anglais. 1788, in-8°.

10. Lettres de Sterne à ses amis, traduites de l'anglais,
1789, in-12.

11. Le fou de qualité ; 1789, in-8°.

12. Le sens commun , traduit de l'anglais, de Thomas
Payne ; Paris, Buisson, 1790, in-8°.

13. Les souffrances maternelles, roman imité de l'allemand;
1793. 4 vol. in 18.

14. Marianne et Charlotte, ou l'apparence est trompeuse,
traduit de l'allemand, de J.-F. Jünger ; 1794, 3 vol. in-18.

15. La victime de l'imagination de Hill, ou l'enthousiaste
de Werther, traduit de l'anglais ; 1794, 2 vol. in 18. Notaris
a contribué à cette traduction.

16. Léopoldine, ou les enfants perdus et retrouvés, traduit
de l'allemand, de Fr. Schultz ; 1795, 4 vol. in-18.

17. Pérégrinus-Protée, ou les dangers de l'enthousiasme,
traduit de l'allemand, de Wieland ; 1795, 2 vol. in-18.

18. Tableaux du déluge, d'après Bodmer ; 1797, in-18.

19. La messe de Gnide, ouvrage posthume de C. Nobody,
nouvelle édition augmentée ; Genève, 1797 (Barbier donne la
date de 1800), petit in-18 de 92 pages. Cette pièce licencieuse,

dit la biographie universelle, a été réimprimée dans l'ouvrage
intitulé : Fêtes et courtisanes de la Grèce.

20. Histoire des Suisses, traduite de l'allemand de Muller ;
tomes ii-viii. Le premier volume a été traduit par N. Boileau ;
Paris, Mourer et Pimparé.

21. Vie de Foë, auteur du Robinson (dans l'édition de la
vie et les aventures de Robinson Crusoë); Paris, veuve Panc-
kouke, 1799, 3 vol. in-8o.

22. Contes orientaux et autres ; Paris, 1799, in-8o.

23. Louise, poème champêtre en trois idylles, traduit de
l'allemand, de Voss ; Paris, Maradan, 1800, in-18.

24. Les Enfants de l'Abbaye, traduction nouvelle de l'anglais, de M^ade M. R. Roche ; 1801, 6 vol. in 18.

25. Les Abdérites, suivis de la Salamandre et la Statue,
traduit de l'allemand de Wieland ; 1802 , 3 volumes in-8o.

26. Aperçu statistique des Etats de l'Allemagne, traduit de
l'allemand de Hœk : in folio, dont Ad. Duquesnoy ne fut
qu'éditeur ; Paris, imp. de la République, an X.

27. Voyage de Fr. Hornemann dans l'Afrique septentrio-
nale, traduit de l'anglais. 1803, deux parties, in-8o.

28. Recherches asiatiques, ou Mémoires de la Société établie au Bengale, pour faire des recherches sur l'histoire, les
sciences et la littérature de l'Asie, traduits de l'Anglais (avec
des notes de MM. Langlès, Cuvier, Delambre, Olivier, etc.) ;
1805, 2 vol. in-4o.

29. Anna Bella, ou les dunes de Barham, traduit de l'anglais de Mackenzie ; 1810, 4 vol in-12.

30. Poèmes d'Ossian et de quelques autres Bardes, pour
servir de suite à l'Ossian de le Tourneur, par MM. Labaume
et de St-George ; 1797, 3 vol. in-18.

Il a coopéré :

31. Au recueil de mémoires sur les hospices et les établissements d'humanité, traduits de l'allemand et de l'anglais
avec de Liancourt et autres, publié par Adrien Duquesnoy ;

Paris, H. Agasse, an VII et années suivantes, 39 numéros in-8°.

32. Au censeur universel anglais, sous la lettre Z ; Paris, Guillot, 1785. et ann. suiv., in-4°.

33. Au bulletin de littérature.

34. Au Mercure de France.

35. Au journal encyclopédique.

36. A la décade, sous la lettre L.

37. Au magasin encyclopédique. — C'est dans ce dernier journal (7e année, tome 3, page 159, et 9e année, tome 1er, page 203), qu'il a donné une notice biographique et littéraire sur les femmes auteurs les plus distinguées de la Grande-Bretagne, par ordre alphabétique.

CATALOGUE DES OUVRAGES

DE CHARLES GRIFFET DE LA BEAUME.

1. Théorie et pratique des annuités décrétées par l'Assemblée nationale de France , pour les remboursements du prix des acquisitions des biens nationaux ; 1791, in-8°.

2. Traité théorique des routes plates.

Les tablettes des écrivains du département de l'Allier, accompagnées d'un catalogue raisonné de leurs ouvrages, par M. Ripoud, membre correspondant de la Société, (ouvrage encore inédit), que l'on doit toujours consulter en semblable matière ; la Biographie universelle des frères Michaud, les ouvrages et dictionnaires historiques et littéraires de Fournier, de Desessarts, de Sabatier, de l'abbé Goujet, de Chaudon et Delandine, de l'abbé Ladvocat, de l'abbé Barral, du Père Lelong, de Watkins, de Bayle, de Moreri, de Barbier, sont les sources où nous avons puisé pour donner le catalogue le plus complet possible des ouvrages de nos compatriotes.

Ernest BOUCHARD,
Avocat.